高校思政教育教学方法优化探究

刘可欣　吴　菲　闫俊娜◎著

北京燕山出版社
BEIJING YANSHAN PRESS

图书在版编目(CIP)数据

高校思政教育教学方法优化探究 / 刘可欣，吴菲，
闫俊娜著. -- 北京 ： 北京燕山出版社，2024. -- ISBN
978-7-5402-7294-4

I. G641

中国国家版本馆 CIP 数据核字第 20247BP875 号

高校思政教育教学方法优化探究

作　　者	刘可欣　吴　菲　闫俊娜	
责任编辑	王　迪	
出版发行	北京燕山出版社有限公司	
社　　址	北京市西城区椿树街道琉璃厂西街20号	
电　　话	010-65240430	
邮　　编	100052	
印　　刷	北京四海锦诚印刷技术有限公司	
开　　本	710mm×1000mm　1/16	
字　　数	206千字	
印　　张	12.75	
版　　次	2025 年 3 月第 1 版	
印　　次	2025 年 3 月第 1 次印刷	
定　　价	78.00 元	

前　言

　　高校思想政治理论课担负着培养具有较高政治觉悟和道德情操的合格人才的历史重任，是学校对大学生进行系统的思想政治教育的主渠道，无论是在高等教育还是成人教育中都具有非常突出的育人作用。我们必须实事求是地对新时代思想政治教育理论进行分析研究，以便有针对性地加强和改进高校思想政治理论课教学工作，提升高校思想政治理论课的教学效果。如今，大数据时代给高校思想政治理论课带来了巨大的冲击和挑战，也给高校思想政治理论课教学带来了新的发展机遇。要抓住机遇、应对挑战，才能更好地发挥高校思想政治理论课教学立德树人的主渠道作用。思政教育虽然不会给学生带来眼前的利益，但是对于学生健康人格的养成非常重要，所以必须重视高校的思政教育。高校可构建网络平台，教师通过平台向学生传播思政知识和信息，而学生也可以随时通过平台来获得和学习思政知识，教师和学生之间的联系将不再受到时空的限制，而且教师可以在线解答学生的问题，并且监督学生的学生态度和学习进度。

　　本书是高校思政教育方向的书籍，主要研究高校思政教育教学方法的优化。本书从高校思政教育的理论基础入手，针对高校思政理论课的教学方法、高校思政理论课教学方法的优化以及高校思政"金课"教学方法进行了分析研究；另外对高校思政育人教学模式与方法创新以及高校思政教育教学平台的创新提出了一些建议。本书论述严谨，结构合理，条理清晰，内容丰富新颖，具有前瞻性，其不仅能够为高校思政教育提供翔实的理论知识，同时能为当前的思政教育教学方法的改革以及优化提供借鉴。

　　由于作者水平有限，书中难免存在不足之处，恳请广大读者斧正。

著　者

2024 年 1 月

目　录

第一章 高校思政教育的理论基础

第一节 高校思政教育的特点与作用

一、高校思政教育的特点

（一）高校思政教育者和教育工作的特点

一方面，高校思政教育理论课不仅是创新高校思政教育的一个重要环节，而且也是对社会主义主流价值观进行宣扬的主要渠道。在网络信息快速传播、多元文化思潮盛行的背景下，学生更倾向于通过网络等多种途径来关注国内外的时事新闻。单靠在课堂上灌输思政教育理论课知识，已经无法使学生的求知欲得到满足。这不仅在很大程度上提高了对高校思政教育内容和手段的要求，而且也在很大程度上提高了对思政教育者综合能力和专业素养的要求。应按照时代特点和学生实际，与时俱进地创新教学方法，更新适应新常态发展的主流价值观知识，使课堂主渠道作用得到充分发挥，并提高师生互动的频率，将知识、娱乐、教育完美结合。要激发学生对高校思政教育理论课的兴趣，同时实施素质教育，增强学生的主动性和创造性，变人力资源大国为人力资源强国。

另一方面，大学生不仅是我国现代化建设的主力军，而且也是高校思政教育工作的重点培养对象。在多元化思潮冲击的时代，在混杂的信息面前，一些思想尚不成熟的大学生通常不知道该怎样树立正确的人生观、价值观、世界观。一些大学生甚至由于价值观发生严重偏离而误入歧途。这在很大程度上使高校思政教育工作变得更加不确定，尤其是出现了各种各样复杂的问题，流于形式的思政教育工作已经无法适应新常态的发展，这就需要提高思政教育工作者解决各类新问题的应急能力和综合能力。

(二) 高校思政教育对象的特点

一方面，随着改革开放的深入发展，经济发展步入结构调整时期，社会产业的发展进而步入由传统产业比重大向服务业和新兴产业比重大的转型期，出现住房紧张、上学困难等社会问题。那些思想尚未完全成熟、还未完全踏入社会的大学生在面对这些日益突出的矛盾和问题时，易产生情绪波动。

新常态蕴含新动力，既有挑战也有机遇。大学生在面对这些挑战时，要勇于抓住机遇，提升自身的综合素质，并树立正确的择业观、就业观以及创新意识，从而更好地迎接新常态的新挑战。大学生要理性认识社会，积极参与社会实践活动，并对就业市场的现状有一个充分的了解；对自己有一个客观的认识，积极对就业心态进行调整，增强竞争意识，培养自主成才的好习惯；转变传统的就业观念，使自身的实力得到有效提升，从而能够更好地适应社会发展的新要求。

另一方面，随着互联网技术的迅猛发展，高校思政教育对象可以通过互联网等多种渠道，接触多元广泛的外来文化价值观念和各种各样的意识形态。与此同时，还可以利用智能手机、平板电脑，快速获取各种各样的信息。在各大论坛、微信微博等社交平台自由地对各类图文信息进行发布和评论，这也在很大程度上挑战了高校大学生。由于大学生还不具备成熟的思想观念，随着网络信息传播速度的加快，大学生难免会遇上不同肤色、不同文化、不同观念的人群，在与他们频繁交流的过程中，大学生不仅会受到潜移默化的影响，个别大学生的政治信仰还可能发生动摇。所以，这些特征都在不同程度上增加了思政教育实施的难度。

对当今世界来讲，多元思潮的涌入是一个重要的特征。对于大学生而言，应积极应对以下几个方面。首先，大学生在对网上各种各样的信息进行浏览的同时，要对政治理论的学习给予足够的重视，用正确的社会主义核心价值观、马克思主义理论、中国特色社会主义理论来对自己的人生观、世界观、价值观进行引导；其次，要学会从混杂的网络信息中对那些有价值且有利于国家和社会的信息进行筛选，要懂得对不良的信息进行辨别，做个理智而有利于社会主义发展的大学生。

二、高校思政教育的影响因素

（一）政治因素

政治在我国的思政教育中起根本性和决定性的影响。在对思政教育概念生成进行探索的过程中，可以看出，我国思政教育概念的形成与发展，事实上就是中国共产党对意识形态领域的认识不断深化的过程，不断对无产阶级意识形态领导权进行巩固的过程。事实上，思政教育就是中国共产党创造性地传承马克思主义经典作家的思想精髓，并结合我国实际的意识形态领域而形成的一种教育理念。

我国高校思政教育与我国的政治氛围是分不开的，马克思主义指导思想、政治路线等在很大程度上影响着我国的思政教育。但实际上，在我国建设的过程中，思政教育发挥的作用十分巨大，为我国的社会主义事业贡献了很大的力量，本身就是我国社会主义事业伟大实践的重要组成部分，其命运早已与我国社会主义事业的兴衰成败密切相关。高校思政教育始终坚持马克思主义的指导，并对大学生进行全面武装，从而为中国特色社会主义事业培养合格的建设者和接班人。

我国高校思政教育以马克思主义为指导思想。思政教育是对大学生的思想政治素质进行培养的根本途径，大学生能否自觉沿着社会主义方向前进，直接对党和国家事业的兴衰成败带来一定影响。中国特色社会主义高等教育即利用马克思主义对全体大学生进行武装。

政治路线和政治氛围的变化在很大程度上影响了我国高校的思政教育，甚至对思政教育的性质和方向产生了很大影响。马克思主义是人们对世界进行认识和改造的有力思想武器，高校思政教育不仅能够使大学生正确的世界观和人生观得以有效培养，还能使大学生的社会主义信念得到坚定，使大学生的思想素质得到提高，从而能够更好地促进大学生的全面发展。纵观历史，虽然高校思政教育自身具有一定的独立性，但从根本上来讲，其发展不仅与党和国家正确政治路线的确立和指导是分不开的，而且也与社会良好政治氛围的支持是分不开的。

（二）经济因素

马克思指出，一切人类生存的首要前提都是人类为了能够创造历史，必须能够生活。然而，为了能够更好地生活，首先就需要衣、食、住以及其他东西。因此，第一个历史活动在于能够生产可以使这些需要得到满足的资料。经济活动是人类对生存资料进行获取和对利益进行追求的一项活动，不仅与思政教育有一定的内在联系，而且也是思政教育的基础和前提。思政教育在阶级社会与统治阶级的利益相联系，是在思想政治领域对统治阶级思想的延伸，是服务于统治阶级的根本利益的。思政教育与一定的物质利益、物质生产活动和经济分配关系相脱离的原因，就是它与一定的历史环境相脱离，只能抽象为各种各样的幻想，根本不能全面表达人们的价值观问题。经济基础是什么样的，出现的思政教育就是什么样的，同时，思政教育反过来也会作用于经济基础，影响经济活动和经济发展。总而言之，经济活动是思政教育的基础，思政教育必须从根本上反映人们对待经济利益、他人利益和社会利益的态度。

经济制度在一定程度上决定了思政教育的本质内涵。我国是社会主义国家，公有制经济在国民经济中占主体地位。这不仅是社会主义国家与其他社会形态国家不同的最主要标志，而且也充分体现了社会主义制度的优越性。从本质上来讲，在社会主义中国，个人利益、集体利益与国家利益是一致的，根本冲突是不存在的。个人利益实现的前提和条件在于集体利益和国家利益的实现。当个人利益与集体利益、国家利益发生冲突时，个人利益必须服从集体利益，在使集体利益、国家利益得到保证的前提下，将三者进行辩证统一，并注重对个人利益加以保护。以公有制为主体的社会主义经济制度在一定程度上决定了集体主义的生长和发展，没有公有制，那么就不会存在以集体主义为核心的社会主义核心价值观体系。

社会主义的经济制度决定了社会主义所提倡的集体是真实的，共同体不是想象出来的，社会最广大的人民群众应能够享受发展的成果，因此，广大人民群众才会真正认可集体主义。公有制的主体地位，从本质上讲，是集体主义集中反映和概括广大人民群众的根本利益和真实愿望的坚实基础。多种所有制的共同发展，并没有从根本上改变中国的经济基础，也没有改变中国最基本的经济伦理观念，也就是集体主义精神。

经济体制的转变既给思政教育带来了机遇，又给思政教育带来了挑战。改革开放以后，我国逐渐从计划经济向社会主义市场经济建设转变，经济体制的转变在很大程度上改变了思政教育的环境，思政教育的发展呈现出机遇与挑战并存的局面。众所周知，市场经济是一把双刃剑，不仅能够为我国经济社会的发展带来一些积极因素，而且也会带来一些负面因素。另外，市场经济的发展也对思政教育领域产生了双重影响。随着全面改革开放和社会主义市场经济的建设，我国高校的思政教育从一个封闭、一元的环境向开放、多元的环境转变。由于环境发生了巨大的变化，因此，思政教育者必须对改革创新精神进行充分利用，不断加强和改进思政教育，以更好地胜任时代赋予的使命。

经济体制和形式的转变使思政教育拥有前所未有的机遇。竞争和创新是市场经济的主旋律，市场经济充满活力的关键在于开展公平的竞争。改革开放之后，在激烈的市场竞争中，大学生增强了竞争意识，提高了竞争能力，同时培养了创新思维方式。思政教育从过去注重积累知识逐渐向注重培养能力转变，极大地提高了他们的社会交往能力。大学生基本素质的提高，有利于更好地开展思政教育。

市场经济的运行要求每一个市场主体都应平等遵守公开的法规，其本身也是一种法治经济。在建设社会主义市场经济的过程中，良好的市场秩序，使大学生增强了规则意识和主体意识，并养成了依法办事的行为习惯，有利于更好地培养大学生的民主和法治意识。

如今，思政教育的重任在于必须与社会主义市场经济建设的需要相适应，并对与之相适应的道德体系进行构建，把思政教育放在第一位，并贯穿整个教学过程，抓住机遇，迎接挑战，始终坚持用社会主义核心价值体系来对全体大学生进行武装。

经济形势的稳定发展，为高校思政教育的开展创造了良好的物质环境。经济发展形势对高校思政教育产生了很大影响。从我国经济发展的角度来看，现代化建设充满活力，经济蒸蒸日上是改革开放以来的客观事实。在经济繁荣与发展的过程中，自强不息、艰苦创业的精神充分反映了当代中国人的道德总体状态。

（三）文化因素

高校思政教育本身就是在对我国社会的核心价值和主流文化进行传播，思政教育直接指向的是我国社会文化的核心。相比于一般的教育，思政教育与文化之间的关系更加密切。高校思政教育者正是通过深刻把握无产阶级思想观念、政治观念和道德观念，进而通过有组织、有计划的教育实践活动，来对大学生群体进行塑造，并利用这种方式来传播无产阶级文化的。

文化环境的变迁对思政教育有着不容忽视的影响。我国文化发展的主旋律自改革开放以来逐渐加强，不断巩固以马克思主义为指导的核心价值体系在意识形态领域的指导地位，坚定了全国人民团结奋斗的共同思想基础。然而，随着文化环境的多元，文化也将日益复杂的影响带给了高校的思政教育，也日益难以对文化环境加以控制、选择和优化。文化环境的变迁有利于更好地开展高校的思政教育，不仅丰富了大学生的文化生活，而且也使大学生的精神发展需要得到了满足，在一定程度上提高了大学生的思想政治素质。

一方面，大众文化的普及对我国文化领域的繁荣与发展起到了促进作用，有利于思政教育更好地满足大学生的多样化、个性化需求。另一方面，通过引进不同文化，尤其是通过引入西方发达国家的优秀文化，不仅有助于开阔大学生的学术视野，还可以提升大学生的文化理解能力和文化境界。尽管机遇是主要的，然而也不能忽视存在的挑战。大众文化的商业化和模式化也导致了一些大学生的惰性思维，使一些大学生厌烦甚至抵触思政教育所倡导的经典文化和高雅文化。

文化环境的变迁对高校的思政教育有很大的影响，只有高校思政教育者积极迎接那些挑战，在马克思主义的指导之下，站在时代的前沿，用世界的眼光，更好地传承传统文化的精髓，将思政教育提升到与中华民族文化建设相关的高度，并牢牢把握意识形态领域的主导权，始终坚持对文化环境进行净化和优化，才能在更深的文化层次上来更好地强化思政教育的效果。从本质上来看，和谐社会的构建与高校思政教育的一致性较高，能够增强高校思政教育的活力。和谐社会是人与人、社会、自然协调发展的社会。思政教育就是将改造主观和客观世界的强大思想武器提供给大学生，使大学生不仅可以科学改造自身和环境，还可以正确处理人与人、人与社会和人与自然的复杂关系，从而可以更好地实现社会主义和谐社会。在对和谐社会进行构建时也要对高校思政教育进行加强。

目前，我国社会的发展正处在改革的关键时期，在意识形态领域反映出了各种政治、经济和社会问题，大学生很容易出现心理和社会危机。然而，由于大学生群体身心尚不健全，随着社会环境的多变，大学生面临各种各样的压力，其中包括学业、心理、就业等方面，各种问题很容易出现，这就对高校思政教育满足大学生多样化的精神文化需求，提高解决各种各样现实问题的能力，提出了很高的要求。

同时，构建和谐社会也为高校思政教育提供了一个科学的指导思想，思政教育加强和改进的关键在于以人为本。高校思政教育只有立足于以人为本的新理念，才能真正了解、信任大学生，才能使大学生自我教育的积极性得到充分调动，从而奏响和谐社会的主旋律。

传统文化可以说是思政教育最深刻的文化根基。中华民族的传统文化历史悠久，虽然在近现代经历了重重劫难，然而其优秀的文化内涵仍生机勃勃。传统文化不可避免地会影响思政教育，使思政教育深深扎根于中华民族的优秀传统文化，这也是思政教育者始终坚持的目标。

高校思政教育者不仅要利用大学生最为熟悉的汉语来深入浅出地论述马克思主义的立场、观点和方法，还要认识到传统文化会在很大程度上影响高校的思政教育，既有积极的一面，也有消极的一面，必须加强对传统文化的选择和控制。

我国的传统文化以伦理为基础，不仅注重人的思想道德境界的提升，而且注重人的人文素质的提升，有利于更好地形成大学生的砥砺品质奋进和良好的内在品质。在漫长的发展历程中，中华民族形成了以振兴中华民族为己任，不惜献身于民族利益的一种爱国主义精神。

传统文化也是增强大学生民族自尊心、自信心和自豪感的最坚实基石。儒、道在中国传统文化中相辅相成，其哲学、伦理、政治等方面的内涵博大精深，是世界上现存的唯一古老文化。中华民族传统文化是一个混合体，高校思政教育工作者面临的一项重要而紧迫的任务即去粗取精，使传统文化真正成为丰富高校思政教育的不竭文化资源。

三、高校思政教育的定位分析

（一）确立高校思政教育战略地位的背景

1. 实现科学发展观的需要

科学发展观坚持以人为本，促进经济社会全面发展得以实现。而高校思政教育也是以学生为本，促进学生的全面发展，并对全面发展的人才进行培养，这样才能更好地实现我国的科学发展。

2. 实施人才强国战略的需要

通过开展高校思政教育，不仅可以使大学生的自强意识、创新意识、创业意识得以树立，进而还可以对大学生的精神潜能进行开发，因此，必须将高校思政教育放在战略的高度。

（二）确立高校思政教育战略地位的意义

1. 有利于应对国内外现实形势的挑战

在开放的条件下，高校已成为汇集各种思潮和文化的阵地。将高校思政教育放在合适的战略高度，不仅可以更好地应对国际形势的新变化，还可以显著增强民族凝聚力和竞争力。

2. 有利于确保社会主义事业的长治久安

随着经济社会的复杂多变，大学生的成长状况不仅被社会广泛关注，而且也无时无刻不牵动着无数家长的心。高校将思政教育放在首位，为学生的身心健康发展创造良好的条件和环境，人民群众和广大家长就会感到满意。

3. 有利于促进大学生的全面发展

如今，大学生身处成长的关键时刻，大学生在确定发展方向，并选择价值取向时，难免会有困惑产生，难免会有矛盾出现，有的甚至出现信仰缺失、心灵空虚等问题，势必会严重影响大学生的全面发展。将思政教育放在战略地位，不仅可以使高校教育者育人的责任感得到增强，还可以使大学生顺利度过大学这一关键时期，从而更好地促进大学生的全面发展。

四、高校思政教育的地位

（一）思政教育课在高校教育体系中的地位

高校对大学生进行思政教育的主要渠道便是思政教育课。要把大学生培养成为德、智、体、美、劳全面发展的社会主义事业接班人，就必须重视和提高思政教育课在高校教育体系中的地位。为了能够准确、全面地了解思政教育课在德育教育中的地位，必须深刻认识和把握以下几个问题。

1. 正确认识思政教育课与人文社会学科及其他课程之间的内在联系

在高校的所有教育活动中，课堂教学这一教育活动是最基本也是最有效的。因为书本理论高度概括了人类几千年的精神文明，是人类在认识世界和改造世界的过程中总结的智慧结晶，具有非常强大的生命力和说服力。学习前人的优秀成果，是提升学生道德水平的有效途径。课堂教学的内容包括思政教育、人文社会科学教育和其他学科的教育。而思政教育课程是对大学生进行思政教育的主渠道。其他各门课程不仅具有育人功能，而且也蕴含思政教育的要素，这就要求教育者必须准确了解不同类型的课程在思政教育领域的作用。

2. 科学把握思政教育课的教学内容以及与其他课程之间的内在联系

思政教育这一门课程具有很强的专业性，主要是为了更好地培养大学生的思想道德素养。它高度概括了人类社会几千年来的道德观念、价值标准、行为规范。当然，人文社会学科和其他学科也必须具有可以进行思政教育的要素。为了确保高校所有课程拥有正确的政治方向，确保大学生受系统、全面的思政教育，必须通过思政教育课，有效整合高校范围内的各种教育资源，并对正确的教育手段加以实施，才可以使应有的教育目标得以更好地实现。在整合的过程中，专业的思政教育课起到纽带和桥梁作用，这也充分体现了思政教育主导性和多样性的辩证统一。

（二）采取有效途径提升高校思政教育课的地位

1. 正确处理直接教育与间接教育的辩证关系

设置高校思政教育课主要是为了使大学生的思政素养得到提升，可以起到直接教育的作用。而哲学、人文社会科学和其他课程尽管不是直接为促进大学生思政素质提高而设置的课程，但开设这些课程不仅为提升大学生思政素养奠定了坚实的理论基础，而且也为提升大学生思政素养起到了间接教育的作用。然而，思政教育课在所有高校的课程体系中占有较少的课时，而其他课程不仅课时多，还贯穿了教育活动的整个过程。

所以，思政教育课的直接教育只有结合其他课程的间接教育，并对二者之间的关系进行有效处理，才能更好地实现思政教育的目标。

2. 处理好课堂理论教学与社会实践活动的关系

思政教育这一门课程需要在课堂上进行系统讲授，所以理论性较强。然而，高校思政教育课的教学活动也不能只停留在理论这一层面，而是要以大学生思政素质的提升为目标，最好的方法就是广泛参与各种社会实践活动。由此可见，坚持理论教学与实践活动相结合的原则，切实加强理论与实践的紧密结合，在实践过程中不断丰富和发展思政教育的理论，是提高高校思政教育课针对性和实效性的必然之路。

五、高校思政教育的作用

思政教育正是因为其较高的地位才能充分发挥作用。然而，这一作用不仅要建立在思政教育的地位之上，还受社会基础和历史条件的限制，对于思政教育的作用而言，后者具有宏观的、根本性的意义。

（一）凝聚全国各界人心

人与人之间互相尊重、互相信任的良性关系在这一过程中可以得到有效建立。对于思政教育而言，这一特点是最为突出的。每当我国在发展过程中遇到挫折和困难，思政教育都可以团结大部分人民群众，使他们能够坚定方向，并克服艰难险阻。

（二）充分挖掘人的内在潜能

人才在知识经济时代是最稀缺的资源，目前各个国家都在进行人才争夺战。21世纪的人才具有创造和创新能力。我国通过实施科教兴国和人才强国战略，大大提高了人才资源开发的程度。在这之中，思政教育起深度挖掘人的潜能的作用。由于人的能动性具有层次性和隐蔽性，所以无法完全自发地释放出，而通过思政教育，可以在激发人的兴趣爱好的基础上，充分发挥人的特长和优势。首先，可以使人的潜能得到充分发挥；其次，对人的主动性进行充分调动，促成自我学习，促进人的智力和能力的全面发展；最后，使人树立坚定的信念，只有具备这种信念，才能在长期艰难的探索道路上不畏困难、勇于牺牲，才能排除一切杂念和干扰，并能在崇高的事业中投入全身心。

第二节　高校思政教育的基础理论

我国在制度上已经建立了思政教育学科，现在需要重视思政教育学科的基本理论建设，这是获得学术界的学科认同、对社会发展和科学发展发挥作用、从学术意义上建立思政教育学科的基础。

一、高校思政教育的内涵

高等教育的主要群体就是大学生，他们在意识形态上常常会受到各方面因素的影响，例如经常在网络上阅览信息，通过新媒体进行交流，更愿意接受新鲜事物等，具有复杂性。大学生作为青年群体，在思想上尚未成熟，如何解决好大学生在思想意识形态方面遇到的问题至关重要。高校思政教育内容的系统性就对这一问题进行了回答，即用什么来培养新时代的大学生，把什么内容教给大学生，体系中教育内容这一要素怎样配合高校思政教育工作中的其他要素，确保各要素协调一致、同向同行，确保思政教育建设的有效性，可以看出在体系建设中教育内容这一要素起到了支撑作用。高校思政教育的内容包括大学生普遍认可的"三观"的内容，也包括政治观和道德观，还要纳入社会主义核心价值观的内容才算完整。思政教育内容在思政教育建设中具有决定性的意义，它是思政教育系统的第一要素。

（一）世界观、人生观、价值观

关于"三观"的教育正是思政教育中的基础理论教育，对高校学生开展"三观"教育，坚持马克思主义理论教育，这是引导大学生树立正确"三观"的根本路径，是塑造青年学生思想灵魂的基础。

马克思主义科学世界观是辩证唯物主义和历史唯物主义，是人们对整个世界的总的看法和根本观点，马克思主义世界观揭示了自然和社会的发展规律，它贯穿于当代的中国特色社会主义思想体系中，是科学思想体系的精髓所在。世界观决定着我们处理问题和分析问题的方法，是认识世界和改造世界的根本方法，它影响着人们在人生道路上所做的重要决定，引领人们的理想信念，在工作中支配着人们的职业操守和道德行为，决定着人们的思想高度。世界观教育是大学生进行思政教育的总开关，正确的世界观能够在未来前进发展的道路上影响人的一生，是高校思政教育中的重要组成部分。

世界观从根本上影响了人的思维方式，马克思主义科学思想体系告诉我们世界观的塑造影响着人生观和价值观。其中人生观是世界观的重要组成部分，简单地说，人生观是一个人对生活的态度，在生活中所形成的个人目标、生活意义都属于人生观的范畴。人生观具体表现为荣辱观、善恶观、是非观、义利观等。每个人所处的成长环境不同，拥有不同的生活经历，受所处环境的影响，在日常生活中实践经历的不同造就了不同的人生观。树立正确的人生观对大学生至关重要。树立正确的人生观需要高校用马克思主义理论来教育和引领大学生，要培养大学生为社会奉献的人生观，培养大学生自强不息、吃苦耐劳、勇于奉献的精神作风和高尚品格。

价值观是一个人的人生观与世界观的直接反映，马克思主义价值观指的是人们对客观事物有无价值及价值大小的根本观点和评价标准。

人与社会的关系可以通过价值观进行直接反映，人的价值主要可以分为两类，分别是个人价值与社会价值。个人价值要寓于社会价值中并符合社会的整体发展需要，两者是辩证统一的，只有个人价值与社会价值同向发展，社会价值才会为个人价值的需要创造良好的发展条件。个人价值是通过满足社会需要来实现的，一个人自身的价值越高，说明对社会的奉献越多。新时代大学生要树立马克思主义价值观，抵挡腐朽思想的侵蚀，积极奉献社会、回报社会。

高校应以"三观"教育为主线来开展思政教育，大学这一阶段是大学生的"拔节孕穗期"，也是"三观"的关键形成期。新时代大学生是推进历史进程的中坚力量，是未来服务社会建设国家的栋梁之才，是国家未来的主人，高校要通过"三观"教育来培养大学生，使大学生能担负起未来国家主人翁的责任与使命。

（二）政治观

政治观教育是"三观"教育的一个延伸，政治观是在接受思政教育后形成的政治立场、政治观点，政治观是建立在世界观、人生观、价值观的基础之上的，是由人们所生活的阶级社会决定的，是对社会制度、政治派别所表现出的态度。马克思主义政治观是为共产主义事业奉献终身，全心全意为人民服务的政治观。当今时代，高校思政教育工作应指导新时代的大学生树立起热爱祖国，拥护共产党，愿意为社会主义建设奋斗终身的政治观。大学生始终要面临毕业，面临走向社会工作这一环节，解决高校思政教育工作内在逻辑关系所蕴含的这个问题，就要牢牢把握住大学生政治观的确立，为社会主义培养热爱祖国、有高度政治信仰的大学生，为社会主义培养拥有奉献精神和全面发展的社会主义接班人。

对大学生进行政治观教育，增强政治意识在高校思政教育中是不容忽视的。现代大学生的文化水平高，思维模式新颖，在领悟新知识、新观点、新事物方面的能力更高，富有主见，但面对复杂多变的社会形势，大学生的政治观还不成熟、不完善。对大学生进行政治观教育首先要帮助大学生树立正确的政治信仰，教育大学生关心时事政治，理解政治形势，鼓励引导大学生积极向党靠拢，一心向党。

（三）道德观

道德观体现了一个人的道德意识和水平，马克思主义道德观主要表现为一个人在处理个人与社会集体关系、个人与他人之间的关系时所遵守的准则。人的道德观核心是个人行为在个人利益中所占比重的大小。个人所处的环境不同、社会阶级不同则会形成不同的道德观。道德观继承了马克思主义全心全意为人民服务的基本立场，始终辩证唯物地看待问题，同时在马克思主义道德观上进行了丰富和发展，又蕴含了优秀的中华传统文化的思想。新时代道德观要求大学生树立讲文明、讲诚信、知行合一的道德观，树立艰苦奋斗、无私奉献、为人民服务的道德观。

高校思政教育的根本宗旨是立德树人，把道德观教育贯穿于思政教育的全过程中，对大学生进行道德观教育在高校思政教育工作中占有举足轻重的分量，接受道德观教育需要高校、社会、家庭多方面的努力，引导大学生自觉抵制个人主义，修身立德、成长成才。

（四）社会主义核心价值观

社会主义核心价值观从国家层面、社会层面、公民层面，对个人应遵循的价值准则和行为标准提出了要求。其主要表现为三个倡导，"倡导富强、民主、文明、和谐，倡导自由、平等、公正、法治，倡导爱国、敬业、诚信、友善"。社会主义核心价值观是意识形态教育的内在组成部分，它能引导大学生拥有正确的价值取向和人生追求。高校思政课程是传播社会主义核心价值观的主要阵地，把"三个倡导"的理念运用到教育教学中去，运用到社会实践中去，运用到校园活动中去，能科学引导学生树立理想信念，正确树立"三观"，培养大学生的社会责任感及对国家制度的认同感，在提高教育实效性的同时也能引导大学生树立服务社会、奉献社会的观念，从而引领大学生把实现中华民族伟大复兴、发展中国特色社会主义事业视为己任，以培育能担当民族复兴大任的时代新人。

社会主义核心价值观是高校思想政治工作的重要指导，在教育过程中，把"三个倡导"的内容运用到实践中，运用到教书育人中，运用到高校思政教育体系建设中，促进学生综合素质的提高，使其做到知行合一，追求更有境界、更有高度的人生。

二、高校思政教育的目标

目标是目的的具象化表征，思政教育目标充分反映了思政教育的愿望和要求，是思政教育实践活动的未来预期结果和价值取向，具体就是期望思政教育对象的思想品德、政治观念等方面所要达到的理想状态。思政教育目标并不是思政教育活动之外预先存在的东西，它不是一种既成结果，而是一种实践预期。对教育过程本身来讲，过程的进行就是目的，教育的进行就是教育的目的。思政教育目标是目的的具体化，思政教育目标并不是在思政教育实践过程之外，而是在实践过程之内，并成为实践过程的方向和指引，也对高校思政教育的内容、方法和途径进行了规定和制约，所以有必要对高校思政教育的目标进行精准把握和理解。思政教育的实践结果可能会偏离这一实践预期，这一现象是十分合理的，思政教育正是在这种偏差和不断调整中向前发展的，教育对象也正是在不断趋向于思政教育预期结果中而完善自我、实现素质提升的。

思政教育目标是一个多维目标体系，是一个集合概念，是由诸多要素所构成的理论体系。思政教育目标呈现一元主导与多样发展的样态，即思政教育既有根本目标，也有各个具体目标。一般来讲，根据不同的划分标准，可分为总目标和具体目标，短期目标、中期目标和长期目标，个体目标、群体目标和社会目标等不同维度。从宏观层面来讲，思政教育总目标具有高度的概括性、稳定性和未来指向性；从微观层面来讲，思政教育具体子目标具有鲜明的层次性、明晰性和可操作性。

思政教育目标是一个社会历史范畴。在阶级社会的历史发展进程中都有思政教育的存在，随着阶级社会的演进，思政教育也在不断发展，在不同的历史时期，受生产力水平和社会政治制度的影响和制约，人们往往呈现出不同的能动性特点和发展需求，社会也会有不同的发展问题涌现出来，这就对思政教育提出了要求，即要调整教育目标。不管是生产力的发展，还是社会和人的发展，本身就是一个历史范畴，与社会和人的发展相伴随的思政教育及其目标也必然是一个动态的历史变化的范畴。一般来讲，一定阶级或集团总会按照不同历史时期的工作重心和任务，将总目标任务赋予思政教育，并在这一总目标的指引下与不同阶段的发展特点相结合来更好地对这一阶段思政教育的具体目标加以确定。所以，要按照时代发展规律进行思政教育，并且随着时代的发展也要不断调整其目标。

可见，高校思政教育目标就是高校思政教育目的的具体化和细节化，是综合社会政治经济等多方因素，并遵循大学生的精神成长规律，通过思政教育实践活动，期望大学生的思想水平、道德品质、文化素养等方面所能达到的一种理想状态。高校思政教育是一个系统工程，其目标也应是一个整体概念，可分为高校思政教育各学段目标，也可分为高校思政教育根本目标和各具体目标等。高校思政教育在不同的时代有不同的稳定的根本目标，各具体目标也都具备不同的内涵指向。

三、高校思政教育的任务

(一) 深刻总结以往思政教育的经验教训

对于历史唯物主义来讲，一部人类社会的发展史本身就是一部促进社会和人全面发展的历史。社会发展和人的发展互为前提、相互依赖。一方面，社会发展是个人发展的基础和根本保证；另一方面，社会发展的目的是实现个人的发展，可以向社会提供大量人力资源和智力保证，从而能够更好地实现社会的快速发展。因此，高校思政教育的任务定位应以培育学生为根本出发点和落脚点，而不能受经济工作等物化领域的限制，高校思政教育的社会性功能和个体功能要充分发挥出来，这样不仅能够在一定程度上满足社会的发展需求，而且还可以促使学生获得全面发展。

（二）继承和发扬党的思政教育工作的优良传统

思政教育工作是思想政治教育与党的实践工作的结合，其目的在于促进党的历史使命、政治目标和任务的实现，以政治思想教育为核心的思想、道德和心理方面的综合教育实践，是一项能够有效转化和提升学生思想认识的工作。所以，应该高度关注思想政治工作，并且还要充分发挥其在革命和建设事业中的重要作用，这既是党的一条成功经验，又是党的优良传统。"生命线"是党一直用来形容思政教育工作的，指的就是它对人的引导和其他各项工作的保证作用。

第三节　高校思政教育的理念

21世纪的国际竞争是知识与科技的竞争，人才资源的数量与质量已经成了竞争的焦点，而要想培养出来具有高素质的人才，教育是关键之处。在经济快速发展以及科学技术突飞猛进的今天，培养大量的能够满足知识经济时代需求的专门人才，除了是教育界的重要的职责，同时也是高校思政教育的职责所在，因此应该不断创新高校思政教育理念，紧紧跟随时代发展的步伐。

一、改革创新理念

（一）坚持改革创新理念的现实要求

1. 坚持改革创新理念是社会主义事业健康发展的战略工程

不管是一个国家、民族，还是个人，都需要有一定的价值观的指导，价值观会对人们的思想意识、道德评价、价值取向以及实践行动产生影响。由于社会经济结构的深刻变化，社会利益关系变得更加复杂，这也导致了新的情况与问题接连不断地出现，新情况以及新问题源源不断地出现，由此会产生新的社会矛盾，从而严重影响到我国社会的发展。同时，在经济全球化的背景下，各种各样的文化、思潮以及价值观念会产生激烈的碰撞，怎么样武装大学生的头脑，教育、引导他们树立正确的世界观、人生观和价值观，增强社会责任感和为中华民族伟大复兴而勤奋学习的使命感，将大学生培养成合格人才，这是高校思政教育工作面临的重大课题。

2. 坚持改革创新理念是大学生健康成长的前提

培养人才不仅是高校最为主要的一个任务，还是教育能够立身的根本原因。由于知识经济、网络化时代的到来，社会越来越需要高校培养高素质人才，全社会都在呼吁学生应该有良好的创新能力。但是，要想高校培养出来的人才能够满足社会的需要，就一定要对大学生的思政教育加以高度的重视。之所以要这样做，主要是因为人们只有在一定的思想道德的基础上，才能形成良好的知识结构，并且才能培养自身的创新能力。这也就表明了，所有的创新都要以政治为导向，并且要遵循道德的准则，脱离了政治与不遵循道德准则的创新只会将混乱与灾难带给社会与人类。

(二) 改革创新理念要坚持的原则

1. 方向性原则

方向性原则，即全部思政教育活动要始终与社会发展的要求相一致，坚持正确的方向不动摇。这一原则在其他相关原则当中是居于主导性和根本性地位的。思政教育方法创新的方向即社会主义和共产主义方向，这就要求同党的各项方针政策保持高度一致，也要求与党的纲领和宗旨保持一致，由此思政教育培养出的人才是要为社会主义和共产主义远大目标而不懈奋斗的。

2. 继承优良传统与改进创新相结合原则

在对思政教育的方法进行创新的时候，不仅要继续继承与发扬党的优良传统，对中华民族历史上与思政教育相关的优良传统进行继承，而且要吸收与借鉴别的国家与民族在思政教育方面先进的经验，也就是要对人类文明所有的优秀成果进行借鉴。继承与借鉴思政教育同改进与创新思政教育之间存在着十分密切的联系，应该在继承中进行创新，并在创新中不断地提高。

（三）改革创新理念要培养的三种意识

1. 马克思主义主导意识

现代科学文化知识之所以能够传播，就是因为有高校这个基地的存在，同时高校还是一个培养人才的摇篮，能够培养出现代化建设需要的人才以及社会主义事业的接班人。大学阶段，正是学生储备知识与积蓄能量的黄金阶段，同时也是学生形成理想、信念、世界观、人生观以及价值观最为关键的一个阶段。

因此，要对马克思主义在高校意识形态领域的主导地位进行巩固，这也是高校思政工作的重中之重。由于改革开放的不断深入以及社会主义市场经济的快速发展，社会思想以及价值观念也正在日渐朝着多样化的方向发展，人们的思想活动也变得更加具有独立性、选择性、多变性以及差异性，各种思想文化相互交融激荡的趋势进一步加强，意识形态领域的矛盾和斗争显得更加错综复杂，这就导致了马克思主义在意识形态领域的主导地位受到了从来没有过的挑战。在我国高校，巩固马克思主义在意识形态领域的主导地位，增强当代大学生头脑中马克思主义的主导意识是非常重要以及紧迫的。

2. 树立全球意识或国际意识

全球意识或国际意识是同民族意识相对应的，主要指的是国民对跨国或国际事务的认识、了解，能够体现出人们具有什么样的世界观，表现为一个国家的公民或者社会团体在看待本国与他国的交往、本国与他国之间关系的发展及整个国际形势发展状况时所表现出来的敏锐度、关注度及其了解的深度。全球意识或国际意识除了是一种思想认识之外，还是一种情感与价值的取向。构成全球意识或国际意识内容的要素包括是否能够用开放的心态，平等、公正、宽容地对待和尊重世界各国、各地区、各民族的文化传统；是否能够积极、平和以及理性地参与国际活动，是否具有国际竞争的高品质思维能力等。

目前，思政教育创新的主题就是对国际意识或全球意识进行培养。对国际意识或全球意识进行培养能够为调整思政教育理念提供帮助，同时应及时地变革教学内容，促进思政教育教学改革的进一步深化。

对国际意识或全球意识进行培养，不仅能够对中国走向世界以及世界走向中国起到促进的作用，而且对于继续坚持对外开放的基本国策具有十分重要的意义。只有培养出的人才是具有全球意识或国际意识的高素质人才，才能够为对外开放提供支撑，让坚持对外开放更加具有保证。

培养国际意识或全球意识应该做到：首先，应该培养持续关注全球问题的精神；其次，应该培养在分析问题的时候采用国际视野，不仅应该从中国的角度看世界，同时要从世界的角度看中国；再次，应该养成在解决问题的时候采用宏观思维的习惯，不仅要对外国的经验进行学习与借鉴，同时不能崇洋媚外；最后，应该培养遵守国际通行基本规则的习惯。

3. 强化现代意识

行动以思想为先导，只要思想的闪电能够贯穿人们的头脑，就可以激发出巨大的驱动力以及创造力。我们生活在现代社会，生活在充满希望和挑战的 21 世纪，世界新的科技革命风起云涌，经济全球化进程大大加快，全球都处于现代化的浪潮当中，人们生产与生活的方式正在受到低碳经济、知识经济的深刻影响，全世界正在进行经济发展方式的深刻变革。在这样的背景下，我们的思想意识必须具有鲜明的时代气息，紧紧跟上时代的步伐。现代人一定要具备的思想意识就是现代意识，但是当前学术界对于现代意识到底指的是什么这个问题还没有形成一致的观点。

现代意识的内涵可以划分为两个方面。一方面，能够体现时代性。现代意识是一种动态的思想意识，处于不断的发展变化之中，能够与时俱进，而不是一成不变的，能够体现出时代的发展、社会的进步以及培养高素质创新人才的需要，另一方面，现代意识具有进步性。现代意识是区别于传统意识的，能够对社会生产力的发展起到促进的作用。目前，现代意识指的就是与科学发展观相符、能够满足市场发展需要、可以体现知识与低碳经济的思想观念以及意识。要想现代化意识得到强化，就一定要将科学发展观放在统领的地位，坚持可持续发展的思想，建立健全科学、合理的大学生思政教育机制，形成德与智统一、教与育统一、校内外统一、传统与时代统一的思想教育新格局，并且坚持统筹兼顾的思想，对各类与思政教育相关的资源进行全面管理，努力建设和谐校园。

二、全面发展理念

（一）全面发展理念的基本内涵

1. 人的全面发展是指人的需要和能力的全面发展

需要是人类进行活动的动力以及目的，同时需要还是人的本性。只有自身的需要得到了满足，人才能够生存下去。人的需要具体分为三个层次，分别为生存需要、享受需要以及发展需要。生存需要即生活在社会中的人能够让自己的生命得到维持，并且过正常的社会生活所必需的物质以及精神上的需要，相对于其他的需要来说，生存需要是最基本也是最强烈的一种需要；享受需要即对舒适、幸福以及美好生活的要求，这种需要是在满足了生存需要的基础上，生活质量的进一步的改善与提高；发展需要相对于前两者来说是一种层次更高的需要，是一种只有在生存与享受的需要都得到满足之后才能产生的需要。

从人的需要对象的角度进行划分，需要可以划分为两种，即精神需要以及物质需要。精神需要主要指的是人对生存和发展的精神文化的需要，如道德、情感、信仰等；物质需要则主要是指通过物的使用价值让人们的需要得到满足，对人来说，物质需要是最基本的需要。精神需要是以物质需要为基础的，只有物质需要得到了满足，人的精神需要才可以得到满足。人的需要能否得到满足则主要取决于人的能力，人的能力得到发展即人所有的能力得到全面的发展，包括体力和智力、自然力和社会力、潜力和现实能力等。只有这些能力得以实现并且不断进行发展，才能够让人的各种合理的需求得到满足。

2. 人的全面发展是指人的活动的全面发展

能够改造自然与社会的活动本身具有整体性以及可变动性等特性，同时，人们不会再勉强地顺从被迫的分工以及狭隘的职业。任何人在对活动的领域进行选择的时候，都可以以自己的天赋以及喜好为依据，不但可以选择从事体力劳动，而且可以选择从事脑力劳动；不但可以选择参与物质生产活动，而且可以选择参与政治、经济活动，同时还可以选择进行科学艺术创造。

3. 人的全面发展是指人的社会关系的全面发展

每个人都是生活在社会中的，因此每个人又都会处在一定的社会关系之中，人要想进行实践活动，就必须形成一定的社会关系，人不仅存在于一定的社会关系之中，还在一定的社会关系之中进行发展，所有社会关系的总和就是人的本质。社会关系的存在和发展是以社会交往为手段和中介的，交往是人与人之间物质、精神等的变换过程，是社会主体之间的相互交流和沟通，是人类特有的活动方式。通过交往，形成了个体同其他社会成员及社会整体的互动与合作，进而形成全面而丰富的社会关系。人的社会关系的全面丰富，意味着人们打破了区域、民族的局限性，形成了各个方面、各个领域的联系，人与人、人与群体之间的交往不仅变得更加丰富，而且变得更加频繁，这就促使人们从原来的封闭逐渐走向了开放，一个世界性的交往体系也因此形成了。

由于人类活动不断地得到丰富以及社会关系不断地得到完善，人的素质，如生理、心理、思想道德以及文化等，都在不同的程度上得到了发展与完善，各种素质之间也得以均衡发展。而人的素质不断地提高，也对人的个性发展起到了促进的作用。就像世界上不存在两片一模一样的树叶一样，世界上也不可能存在两个一模一样的人，人在出生之后会受到各方面因素的影响，如生活环境、教育环境以及实践活动等，因此每个人都有独属于自己的属性。只有让所有人的特性都充分地发挥出来，才可以让社会生活的丰富多样得到保证，让社会充满生机与活力，从而让社会得到长足的发展。

（二）人的全面发展的实现条件

1. 生产力的发展

生产力是人类存在和发展的物质基础，是人类在生产实践中形成的改造和影响自然以使其符合社会需要的物质力量。个人全面发展和生产力之间具有一定的内在联系。

一方面，由于生产力的大力发展，人有了更多能够进行自由支配的时间。高度发展的生产力会促使劳动生产率迅速提高，在每一天，即在必要劳动时间之外，为整个社会和社会的每个成员创造大量可以自由支配的时间，在大量的可以自由支配的时间里，人们才有可能充分挖掘自己的潜能，找到自己的爱好，并让自己的爱好得到发展。高度发展的生产力还能够对生产起到促进的作用，能够让生产的社会化程度越来越高，从而人的全面发展的自由活动的空间随之出现，人们之间的交往活动也愈加必要、频繁、密切，人的本质属性也会随之不断完善。人们之间的人际交往的频繁，促使人的自由个性发展得更加充分。

另一方面，人在自由时间中得到了充分发展之后，最大的生产力与最活跃的因素反作用于社会，让人可以在更加广阔的天地实现自身的全面发展。生产力高度发展，人的片面发展的条件也改变了，人的生存环境得到了最大限度的改善，人的各种天赋和潜能得以最大限度地发挥，人的全面发展才能成为可能。

2. 教育的发展

人的知识技能和思想道德素质的发展主要依靠教育。马克思和恩格斯都充分肯定教育对人起到的作用是巨大的。教育作为社会的系统工程，是人的本质的物化形式，能够对人的发展产生全面且系统的影响。人的全面发展，需要依靠全面发展的教育。只有把对人的生产劳动能力的培养和智育、体育教育相结合，才可以使培养全面发展的人变得更有效率。对于人的全面发展来说，全面发展的教育有着至关重要的促进作用。

3. 人的自我觉醒

所谓人的觉醒，指的就是人本身具有主体意识，可以自觉地意识到本身的地位、能力以及价值，意识到自己是全面发展的主体。在人与自身的关系上，能够意识到每一个人都无可争辩地有权全面发展自己的才能。在人与外部世界的关系上，意识到主体能把自身的需要和能力通过外部条件得以实现，体现为主体可以能动地认识世界并且对世界进行改造，以此获得进行全面发展的能力。社会生产力的发展以及社会关系的全面丰富和教育事业的发展都是实现人的全面发展的外因，能够让人的全面发展得到实现的内因是人的主体意识以及自身能力的提高。人所取得的实质性的突破和超越都是在精神领域。人的全面发展是一个人现实发展过程中的最高理想和目标。在这个过程中，人的自我觉醒和主体意识的发展程度是非常重要的。当人们真正意识到自己在实践中的主体性时，就可以最大限度地调动其内部资源，发挥自己的能力，从而获得自身的全面发展。

（三）思政教育与人的全面发展的关系

1. 人的全面发展理论是思政教育的理论依据

随着科技发展的日新月异，生产力水平不断提高，人们的物质生活得到极大的丰富，越来越多的人将目光转向自身，认识到人的全面发展的实现是社会发展的最终目标。思政教育作为一门基础理论学科，以马克思主义作为其理论支撑。马克思的人的全面发展理论，从本质上来讲，是关于人的自由解放和全面发展的理论，它把人放在核心地位，关注人的能力、社会关系、个性、素质的协调发展，为思政教育在新时期促进人和社会发展提供了坚实的理论依据。

2. 人的全面发展是思政教育的终极目标

思政教育的最终目的是实现大学生的全面发展。思政教育作为一种对受教育者思想的干预手段，其直接目的是实现受教育者思想上，特别是政治思想上的积极转变，从简单的政治心理上升到自觉、系统的政治思想，从模糊不清甚至含有错误内容的政治心理转变为清晰的、正确的政治思想。而政治思想在人的全面发展中是居于领导地位的因素。无论是从古代对"德""才"关系的论述，还是从现代对政治思想重要性的强调来看，一个大学生的发展是以政治思想的发展为前提的。政治思想发展的方向决定了其他方面发展的方向，制约着其他方面发展的成就。有了正确而先进的政治思想做指导，大学生的全面发展才有了最可靠的保障。可以说，政治思想的发展水平能够对大学生的全面发展起到决定性的作用，同时，对大学生的全面发展进行衡量的时候，政治思想一直都是最重要的考虑因素。按照马克思、恩格斯的长期规划，共产主义社会中的人已经实现了全面发展，其中也包含了人的政治思想同样发展到了很高的水平，真正实现了"天下为公"，做到了"我为人人，人人为我"。"各尽所能，各取所需"的共产主义社会生产与分配体制必然地要求由具备了高度自觉且政治思想正确的人来运转。所以，从长远的角度看，思政教育必须要承担的任务就是对可以适应"各尽所能，各取所需"式社会的人才进行培养。

3. 思政教育是促进人的全面发展的重要途径

思政教育不仅能够塑造大学生的灵魂、启迪大学生的智慧，而且能够对大学生综合素质和能力的提高起到促进的作用，还能够为大学生的全面发展提供最基本的价值取向。在教育活动中，思政教育是不能缺少的一部分。所以，对于人的全面发展来说，思政教育是最为重要的途径。

4. 思政教育为人的全面发展提供价值导向

思想能够指导一个人的活动，如果思想意识是正确的，那么就能够促进活动的进行，并且可以为社会实践活动的开展提供指导；如果思想意识是错误的，那么就会对人们改造自身与世界的过程造成阻碍。思政教育可以让大学生按照正确的政治方向进行发展，让大学生树立科学的价值观并且让大学生养成良好的道德品质，以此让大学生具有正确的思想方向，让其能够根据正确的价值导向获得全面发展。

5. 思政教育为促进人的全面发展提供精神动力

人在成长的过程当中，遇到挫折是一件难以避免的事情，一个人要想积极主动地克服各种困难、应付各种挑战，就需要拥有强大的精神动力。思政教育通过运用马克思主义在社会发展的每个时期与实际相结合产生的宝贵经验以及丰富理论，对大学生进行激励与鼓舞，从而让大学生能够克服发展过程中遇到的各种阻碍，不断激发自身潜藏的能力，让其全面发展能够有强大的精神动力作为支撑。

（四）人的全面发展理论应用于高校思政教育工作的具体途径

1. 以人的全面发展为理论指引，提高思政教育的实践性

当前，有很多高校的思政工作都与现实社会的发展相脱离，不能让学生全面发展的需要得到满足，这不仅是对学生的不负责任，还让高校思政工作无法有效地进行。人的全面发展理论认为，如果在理论上进行空谈的话，人是不能获得自身各方面的全面发展的，要想做到这一点，一定要积极地参与社会上各种形式的活动，进行社会实践的锻炼。之所以要这样做，是因为人的各方面才能只有在全面丰富的社会关系中才可以进行充分的发挥。

通过积极参与一定的社会实践，不仅能够使学生把书本知识变为实际工作能力，而且能够磨炼学生的心智，提高学生的综合素质，培养学生解决问题的能力。高校在进行思政教育工作的时候，应该自觉地指导学生走与社会实际相联系

的道路，培养学生理论联系实践的能力，最终让学生能够为国家服务，并且为社会做出自己的贡献。

2. 以人的全面发展理论为指导，加强和改进高校思政教育工作

在对高校思政教育工作进行探索的过程中，需要坚持人的全面发展理论的指导地位，增强高校思政教育的创新性。

（1）理论创新

当前，高校思政教育工作在实效性方面存在着明显的不足，并且还存在着理论脱离现实的现象。之所以会出现这样的情况，主要是因为思政教育理论研究的滞后。思政教育工作并没有就社会发展和人的发展所凸显出来的新特点、新问题而做出更加科学的回答。反而，某些时候会把思政教育当作一种维护社会稳定的手段和政治教化工具。这些都是理论研究没有顺应时代需求的表现。思政教育的终极目标是培养德智体全面发展的社会主义新人。因此，思政教育的理论创新应该按照人的全面发展的要求，摒弃单一的教育思想，不断实现思政教育的价值，回归最终以人的发展为本的固有轨迹。

（2）观念创新

在新的形势下，当代的大学生已经成了高校思政教育研究的对象，应该将尊重学生作为最基本的原则，以崭新的教育理念为先导，将学生创新精神以及创新能力的培养作为重中之重，从而让当代大学生全面发展的终极目标得以实现。

（3）渠道创新

对高校思政教育进行创新，不仅要实现观念以及理论上的创新，还应该对教育渠道的创新加以重视。互动交流的机会很少是传统教育渠道最主要的缺点之一。现在的大学生个性十分鲜明，对于问题有自己独特的看法，如果还使用传统的教育渠道进行教育，是不可以将他们的个性彰显出来的，所以，应该拓宽开展思政教育的新渠道，让大学生能够有更多有效途径实现全面发展。

3. 坚持人的全面发展理论，优化高校思政教育工作的文化建设

对于学生来说，校园是其进行学习的场所以及阵地，在校园里不仅可以通过教师讲解书本内容向学生传授知识，还可以通过校园文化建设对学生产生潜移默化的影响，进而达到育人的作用。在当前形势下，对高校的思政教育进行创新、发展的一个重要途径就是校园文化建设，通过培育良好的校园文化，开展丰富多彩的校园活动，以加强和改进高校学生的思政教育。首先，在指导思想上要坚持马克思主义思想，利用课堂教学、社团活动等形式，大力宣传马克思关于人的全面发展的理论思想，使其内化于学生心中。其次，要开展校园文化活动建设，运用马克思关于人的全面发展理论的内涵进行整体规划，以各式各样的、有校园文化特色的社团活动为载体，突出校园文化建设，为促进学生身心的健康全面发展创造良好的外在条件。最后，学校不仅要重视校园文化建设，还要完善各种相关设施，为学生开展丰富多彩的活动提供场地支持，从而顺利举办校园活动。

第二章 高校思政理论课的教学方法

第一节 高校思政理论课的内涵与任务

一、高校思政理论课的内涵

高校思政理论课的内涵是思政理论课教师开展教学活动的依据。思政理论课在发展的各个阶段有着各种各样的名称、表现方式及目标实现方式，但它的内涵却始终未变。公共必修课、共产主义思想品德课程、政治理论课、共同政治理论课、思政理论课等都曾作为高校思政理论课的名称存在过，课程先后也经过多次重大调整变革。为此，教育者需要运用理性思维去探索和把握高校思政理论课的内涵。

（一）高校思政理论课以育人为目的

构成思政理论课教学活动的基本要素是教育者（思政课教师）和受教育者（学生），二者的关系是教学活动的重要关系。思政理论课是以人为主体和对象的实践活动，这就要求思政理论课教师以学生为根本出发点与最后落脚点来开展教育教学工作，始终坚持"围绕学生、关爱学生、服务学生"的育人原则。当前的大学生群体正处在网络技术高速发展、社会改革不断深化、价值追求日益多样化的新时代，视野变得更开阔，参与意识、创新意识不断加强，然而他们也受到各种各样不良因素的影响，这就需要思政理论课发挥其育人功能，针对当代大学生群体的价值需求与心理特点，从实际需要出发加强实证研究，形成理论研究成果，作为课程教育教学的参考，从而满足大学生的发展需求，帮助大学生健康成长。

（二）高校思政理论课具有意识形态特性

高校思政理论课是国家意识形态灌输的重要载体，应当主动参与社会主义核心价值体系的培育过程。在当前意识形态纷繁复杂的情况下，高校思政理论课所承载的意识形态使命较以往更加艰巨。思政理论课作为高校开展思想政治教育的主渠道，承载了高校为党培养社会主义合格建设者和接班人的使命。思政理论课的本质决定了其必须将社会政治生活和主流意识形态放在教育教学首位，所以思政理论课教师要具备政治敏锐性，要善于把握意识形态的运行发展规律，站在国家、民族的历史高度去思考现实问题，把握现象本质内涵。

（三）高校思政理论课的内容规定性

思政理论课内涵的外在体现是思政理论课内容的规定性，从我国思政理论课的课程设置和教学内容上看，就是坚持中国特色社会主义的发展方向，认识世界和改造世界。高校思政理论课要引导学生从整体上把握哲学、政治经济学、科学社会主义的基本范畴、基本方法和基本研究对象，引导学生提升思想道德修养、强化法治观念和法治意识，引导学生认清近代中国发展的历史走向和必然趋势。

对于思政理论课而言，思想教育是根本，政治教育是主导，道德教育是基础，各个层面相互独立的同时又相互联系。与此同时，思政理论课的基本内容也会随着社会的发展变化、国家政治制度的变革等发生变化，但是究其根本，思政理论课本身所固有的思想性、政治性等不会改变。所以，我们只有深刻把握思政理论课的内容规定性，才能将中国共产党最新的科学理论转化为指导各门学科发展的方法论，形成铸魂育人的合力。

二、高校思政理论课的特征

（一）高校思政理论课始终坚持政治性

立德树人事关"培养什么人、怎样培养人、为谁培养人"的根本问题，关乎国家的前途命运。高校思政理论课作为传播党的政策方针的重要载体，必须把培养社会主义建设者和接班人作为根本任务，将大学生群体培养成为拥护党的领导、拥护社会主义制度，愿意为中国特色社会主义事业奋斗终身的关键人才。

高校坚持思想政治教育的政治性，就是要坚持党对学校教育的全面领导，就是要坚持党对思政理论课的全面领导，就是要全面贯彻党的教育方针，坚持社会主义办学方向，把立德树人作为检验学校一切工作的根本标准。思政理论课教师坚持政治性就是要忠于党的教育事业，形成良好的师德师风，"政治要强、情怀要深、思维要新、视野要广、自律要严、人格要正"，给学生的心灵埋下真善美的种子，引导学生扣好人生第一粒扣子，引导学生树立坚定的理想信念、厚植爱国主义思想、提升品德修养、增长知识见识、培养奋斗精神、提高综合素质。

（二）高校思政理论课始终坚持理论性

教育者对共产党执政规律、社会主义建设规律、人类社会发展规律的认识和把握不断深入，开辟了中国特色社会主义理论和实践发展的新境界。中国特色社会主义取得举世瞩目的成就，中国特色社会主义道路自信、理论自信、制度自信、文化自信不断增强，为思政课建设提供了有力支撑。中华民族几千年来形成了博大精深的优秀传统文化，中国共产党团结带领各族人民在革命、建设、改革过程中锻造的革命文化和社会主义先进文化，为思政课建设提供了深厚力量。思政课建设长期以来形成的一系列规律性认识和成功经验，为思政课建设守正创新提供了重要基础。

中国特色社会主义理论要充分融入高校思政理论课当中。高校要引导学生增强中国特色社会主义道路自信、理论自信、制度自信、文化自信。高校思政理论课教师要做到真学、真懂、真信、真用，要静下心、坐下来，读原著、学原文、悟原理，通读相关学习材料，在多思多想、学深悟透、系统全面、融会贯通上下功夫；全面领会和准确理解中国特色社会主义理论的科学内涵、精神实质、基本内容、地位、作用等，做中国特色社会主义的坚定信仰者；用心、用情、用理去讲课，把问题讲清楚、讲透彻、讲生动，这样才能够增强课程的说服力；围绕教学展开学术研究，将对中国特色社会主义理论的研究与思想政治教育教学紧密联系起来。

（三）高校思政理论课始终坚持创新性

进入新时代，互联网技术、多媒体技术等信息技术的高速发展对学生群体产生了巨大的影响，学生获取知识的途径越来越多，教师传统的课堂灌输式教学已经不能适应新时代的学生需求，尤其在高校，这要求思政课教师不断创新教育教学方式。思政理论课创新要着眼于以下三个方面：

第一，创新教学方式，彻底改变传统的灌输式教学方法，充分利用现代化手段、最新的信息技术补充思政课教学内容，坚持以学生为中心开展引导式、启发式、情境式教学，让学生主动投入课堂，充分展现课堂的育人功能。

第二，创新教学团队建设，以项目引导的方式打造一支教学水平优良的教师团队。进一步建设一支以课程为中心的思政理论课教学科研团队，组织开展精品案例开发与设计，对重点问题开展专题研究。同时，高校可以设立思政方向的教学改革创新项目，激励和引导思政课教师对教学手段、教学内容等进行创新研究。

第三，创新专题设计，坚持问题导向。思政理论课教师要对社会热点焦点问题进行正面引导，积极为学生答疑解惑，可以将社会热点、焦点问题与党的大政方针及政治理论相结合，以专题的形式融入思政理论课的课堂教育。同时，思政理论课也要结合地方特色，充分利用地方特色资源，创新设计一些接地气的思政专题课程，在增强思政理论课感染力的同时，培养学生的情感归属。

三、高校思政理论课的地位

高校思政理论课的地位是由其性质所决定的，体现为它在整个高等教育和社会生活中的位置和作用。

（一）高校思政理论课是高校思想政治教育的主渠道

我国高校对大学生的思想政治教育贯穿于学校教育教学的各个环节，体现为全员育人、全过程育人和全方位育人。就其教育渠道或途径、形式来说，主要包括：思政理论课教学，学生日常教育、管理，形势政策教育，心理健康教育与咨询，党、团组织工作；辅导员、班主任工作，校园文化和社会实践活动，通过网络和各门课程教学工作开展思想政治教育，等等。思政理论课作为国家统一设置和实施的、所有大学生必修的专门性和直接性的思想政治教育课程，在诸多思想政治教育渠道或途径、形式中起着主导或引导作用，是思想政治教育的"主渠道"。

一方面，加强和改进高校思想政治教育工作的主要任务决定了思政理论课的主渠道地位。大学生是十分宝贵的人才资源，是民族的希望，是祖国的未来。加强和改进高校思想政治教育，提高大学生的思想政治素质，把他们培养成中国特色社会主义事业的建设者和接班人，对全面实施科教兴国和人才强国战略，确保我国在激烈的国际竞争中始终立于不败之地，确保加快推进社会主义现代化的宏伟目标，确保中国特色社会主义事业兴旺发达、后继有人，具有重大而深远的战略意义。

加强和改进高校思想政治教育的主要任务，就是坚持以中国特色社会主义理论体系为指导，全面落实党的教育方针，紧密结合中国特色社会主义现代化建设的实际，对大学生进行正确的世界观、人生观、价值观、道德观和法治观教育，努力增强思想政治教育的针对性、实效性和吸引力、感染力。

在高校各种教育活动中，课堂教学活动是最基本、最核心、最稳定的教育环节。它集中反映了人类文明的思维成果，是人类认识世界、改造世界的智慧结晶，具有强大的理性感召力和影响力，对人的素质的形成与发展起着奠基作用。思政理论课是直接为培养和提高学生的思想政治素质而设计的课程，它概括和浓缩了我国社会主义社会所积累和倡导的思想政治观念、道德规范、价值观念和行为模式，反映了社会主义意识形态教育的主导性要求，因而理应成为高校对大学生开展思想政治教育的主渠道和核心课程。

另一方面，高校思政理论课的不断改革与建设使得它能够胜任大学生思想政治教育主渠道的重任。高校思政理论课从初步确立到调整、巩固，再到改革、发展，其间虽然经历了一段曲折的历程，但其课程设置和教学内容适应了当时形势和中心任务的需要。面对新的变化和新的情况，思政理论课也还存在亟待解决的问题，但其主流和趋势仍是在不断得到改进和发展的。

随着高校思政理论课的改革与建设进一步深化，课程设置和内容体系不断调整、完善，中国特色社会主义理论体系进教材、进课堂、进学生头脑的工作不断深入，课程建设和教材建设取得成效，教学方式方法逐步改进，教师队伍建设得到加强。高校思政理论课在引导大学生坚定对中国特色社会主义的信念、对改革开放和现代化建设的信心、对党和政府的信任等方面，发挥了重要的、积极的作用。

实际上，高校思政理论课作为高校思想政治教育的主渠道，主要是从"质"而不是从"量"上来说的。充分发挥思政理论课的主渠道作用，必须保证一定的课程数量和学时比例。在此基础上，更重要的在于提升思政理论课课程设置的科学性、合理性和教育教学内容的先进性、时代性，在于增强思政理论课的针对性、实效性和说服力、感染力，在于增强思政理论课对其他教育渠道或途径的导向性、影响力以及相互之间同向同行的教育合力。

（二）高校思政理论课是高校素质教育的灵魂所在

人的素质是由各种素质要素所构成的有机整体，主要包括思想政治素质、科学文化素质、专业能力素质、身体素质、心理素质、审美素质等。其中，身体素质和心理素质是人的素质的物质载体，科学文化素质和专业能力素质是人的素质的基本内容，思想政治素质是人的素质的灵魂所在，审美素质是人的素质的综合体现。

强调对大学生进行思想政治理论教育，提高他们的思想政治素质，并把它喻为"灵魂"和"关键"，是党和国家一以贯之的思想。党和国家关于提高学生思想政治素质的指示精神，是高校深入开展思政理论课教学的重要指针。

教育是培养人和造就人的社会活动。坚持德智体美劳全面发展，培养中国特色社会主义事业的合格建设者和可靠接班人，是社会主义教育的最终目的，也是与社会主义前途和命运息息相关的重大教育命题。高校是培养高素质人才的摇篮，也是全面推进素质教育的重要基地。

我国高等教育肩负着培养德智体美劳全面发展的社会主义建设者和接班人的重大任务，必须坚持正确政治方向。高校的立身之本在于立德树人。办好我们的高校，必须全面贯彻党的教育方针。要坚持不懈地培育和弘扬社会主义核心价值观，引导广大师生做社会主义核心价值观的坚定信仰者、积极传播者、模范践行者。思政理论课作为对大学生进行思想政治教育的主阵地、主课堂、主渠道，承担的正是这一使命和重任。如果这方面的教育搞不好，其他方面的教育就会偏离正确的方向，就会失去前进的动力。只有摆正思政理论课在素质教育中的地位，充分发挥思政理论课在素质教育中的灵魂作用，才能真正解决高校立德树人的根本问题，从而保证我国高等教育的社会主义方向，为中国特色社会主义事业培养德智体美劳全面发展的高素质人才。

（三）高校思政理论课是精神文明建设的重要环节

高校思政理论课在社会主义精神文明建设中处于基础性地位，是我国社会主义精神文明建设的重要环节。

1. 思政理论课与社会主义精神文明建设的目标相一致

高校思政理论课的指导思想和根本任务决定了它与社会主义精神文明建设的实质是一致的，它是社会主义精神文明建设的重要途径和有机组成部分。高校思政理论课体现和贯彻了社会主义精神文明建设的要求，坚持以促进大学生全面发展为目标，引导大学生树立崇高的理想信念，树立科学的世界观、人生观和价值观，对提高全民族的思想道德素质和形成良好的社会道德风尚发挥了重要的积极作用。

2. 思政理论课与社会主义精神文明建设的内容相协调

精神文明建设包括思想道德建设和教育科学文化建设两个方面，渗透在整个物质文明建设之中，体现在经济、政治、文化、社会、生态各个方面。教育科学文化建设所要解决的是整个民族的科学文化素质和现代化建设的智力支持问题。教育发达、科学昌明、文化繁荣既是物质文明建设的重要条件，也是提高整个中华民族思想道德水平和科学文化素质的基础。思想道德建设要解决的是整个民族的精神支柱和精神动力问题，因而它是精神文明建设的灵魂，决定着精神文明建设的性质和方向，是精神文明建设的根本，对社会的政治、经济发展有巨大的推动作用。

任何社会稳定的国家之所以社会稳定，在通常情况下是因为这个国家中的公民在思想道德方面有着较多的共同点。因此，世界各国都要通过各种各样的途径和方式，对公民进行思想道德的教育和培养，使他们形成大致相同的国家观、民族观、世界观或价值观，以期达到维护国家稳定和促进国家繁荣发展的目的。

社会主义思想道德建设的基本任务是：坚持爱国主义、集体主义、社会主义教育，加强社会公德、职业道德、家庭美德和个人品德建设，引导学生树立中国特色社会主义的共同理想和正确的世界观、人生观、价值观。

思想道德建设的基本内容可以归纳为理想建设、道德建设和纪律建设三个方面。其中，理想建设是思想道德建设的核心，道德建设是思想道德建设的主体内容，纪律建设是思想道德建设的保证。

高校思政理论课的内容集中反映了社会主义精神文明建设的核心特征。它涵盖了政治、经济、历史、伦理、法律等学科的主要内容，具有完整的教育教学体系，是对大学生进行思想政治教育的主渠道。它以理想信念教育为核心，深入进行社会主义核心价值观教育；以爱国主义教育为重点，深入进行弘扬和培育民族精神教育；以基本道德规范为基础，深入进行公民道德教育；以大学生全面发展为目标，深入进行民主法治教育、集体主义和团结合作精神教育，以及人文素质和科学精神教育。由此可以看出，高校思政理论课的内容完全与社会主义精神文明建设的任务和内容相协调。

3. 思政理论课与社会主义精神文明建设的重点相吻合

社会主义精神文明建设的根本任务是培养有理想、有道德、有文化、有纪律的社会主义公民，提高整个中华民族的思想道德素质和科学文化素质。社会主义精神文明建设的对象是全体公民，但重点是青少年。

一方面，青少年一代是民族的希望、国家的未来。他们的思想道德素质水平如何，直接关系到中华民族的整体素质水平，关系到国家的前途和命运。面对国际国内形势的深刻变化，面对新的历史任务，面对中华民族的伟大复兴，需要教育者一代代地不懈努力，培养和造就千千万万具有高尚思想品质和良好道德修养的合格的社会主义建设者和接班人。为此，要帮助青少年树立远大理想，培育优良品德。各级各类学校都要全面贯彻党的教育方针，坚持社会主义办学方向，加强德育工作，努力培养德智体美劳全面发展的社会主义建设者和接班人。

另一方面，青少年时期是一个特定的人生阶段。青少年的思想品德和价值观念正处于形成发展的过程中，具有较大的可塑性，因此青少年时期是进行思想道德建设的最佳时期。引导和帮助他们树立崇高的理想信念和正确的世界观、人生观、价值观，对他们今后的健康成长有着积极、明显的促进作用。与此同时，随着我国改革开放的不断深入和科学技术的迅速发展，社会上一些不良因素不可避免地反映到青少年思想道德建设领域，危害着青少年的身心健康。在这种情况下，加强青少年思想道德建设就显得更加重要和紧迫。思政理论课是以大学生为教育对象，把大学生思想道德建设作为一项重大的战略任务和神圣使命的课程。

四、高校思政理论课的任务

高校思政理论课的任务，即高校思政理论课所应担负的工作和责任，这是由它的性质、地位和功能所决定的。中国共产党人历来重视学生世界观、人生观、价值观的培养和教育。高校思政理论课自设立以来，虽然课程体系及其具体内容在不同的历史时期有所调整，但其基本目标和任务却始终是十分明确的。

人们必须清醒地认识到，随着全球化的深入，世界范围内各种思想文化的交流、交融、交锋更加频繁，如何发挥正能量，增强对重大理论和现实问题的阐释力，在多元中确立主导，给思政理论课带来了新的挑战；人们必须清醒地认识到，当今社会思想意识更加多元多样多变，面对各种思潮和复杂的社会现象，如何在多样中求得共识，对思政理论课提出了新的要求。

学校教育要引导学生正确认识世界和中国发展大势，从党探索中国特色社会主义的历史进程和伟大实践中，认识和把握人类社会发展的历史必然性，认识和把握中国特色社会主义的历史必然性，不断树立为共产主义远大理想和中国特色社会主义共同理想奋斗的信念和信心；引导学生正确认识中国特色和国际比较，全面客观地认识当代中国、看待外部世界；引导学生正确认识时代责任和历史使命，用中国梦激扬青春梦，为学生点亮理想的灯、照亮前行的路，激励学生自觉把个人的理想追求融入国家和民族的事业中，勇做走在时代前列的奋进者、开拓者；引导学生正确认识远大抱负和脚踏实地，珍惜韶华，一步一个脚印，把远大抱负落实到实际行动中，让勤奋学习成为青春飞扬的动力，让增长本领成为青春搏击的能量。这是新的历史条件下，党和国家对高校思政理论课教学提出的要求。

不同时期高校思政理论课的目标和任务虽然不尽相同，但归纳起来不外乎两个"服务于"，即服务于大学生的健康成长，服务于党和国家的中心工作。这一目标和任务同样体现了思政理论课的定位，由此也确定了思政理论课的内容，并为思政理论课的建设指明了方向。

第二节　高校思政理论课的架构与价值

一、普通高校思政理论课的架构

当前，高校为大学生所开设的所有思想政治教育公共基础课虽然彼此之间内容有别，学时安排也不同，但是教学目标是一致的，都是以社会对教育所要造就的社会个体在思想政治品德方面的质量和规定的总的设想和规定为指导。因此，这些思想政治教育公共基础课既各自具有特殊性，又具有作为思政课程的共性。高校要立足思想政治教育的规律和特点，对课程教学模式进行合理架构，充分利用基础课和各门课程的特点，有针对性地开展思政理论课教学，从而提升课程教学的实效性。

（一）载体——丰富的案例材料

政治社会化的一个重要实现途径就是思想政治教育，思想政治教育的根本任务就是传播国家和社会主导的政治文化、塑造政治人格、培养社会发展所需要的政治人，从而维护和促进社会政治稳定。因此，思想政治教育者向教育对象传递信息、影响教育对象的过程就是高校思想政治教育的实质。信息的传递就是信息的存在形式，从它本身的特点看，信息的传递必须有一定的载体才能够实现，所以载体的选择直接决定了信息传递的效能。

从高校思想政治教育来看，信息传递的效能主要表现在思想政治教育目标的实现程度以及受教育者对信息的解读和接受程度。思想政治教育在本质上是按照一定阶级或集团的意识形态影响和改变人们的思想与行为的社会实践活动。理论的主导价值是指导实践，从而使实践内化为自觉活动的实践价值。思政理论课要达到教育的目的，就必须坚持理论联系实际的原则。思想政治教育的案例材料应该源于现实生活，聚焦社会热点，这样才能够提升学生的关注程度，因为受教育者自觉解读和接收信息的前提就是自身对信息感兴趣。同时，案例材料应以具体的真实事例将社会主导政治文化、教育者的教育目标展现出来，从而引导教育对象对相关问题进行主动的思考、判断，进而得出结论。总之，案例材料能够充分调动、激发大学生的主动性，使思想政治教育以"和风细雨、润物无声"的效果影响受教育者。

（二）主线——社会主义核心价值体系

社会主义核心价值体系是社会主义意识形态的核心内容和最重要的组成部分，高校思政理论课教学要将其作为引领大学生成长成才的根本方针，始终坚持社会主义核心价值体系这条主线。高校思政理论课在教学中要针对大学生的成长规律和社会环境特征，合理选择尊重现实、尊重规律的案例材料，合理搭配正面材料和反面材料，在用正面案例鼓舞学生的同时用反面案例教育学生。所以说，合理运用案例并保障运行的前提就是始终抓牢社会主义核心价值体系这条主线不偏离。作为思想政治教育的教师，必须解决以下两个问题：

第一，高校思政理论课教师自身理论素养的问题。在思想政治教育过程中，教育者在思想政治教育目标的指导下向受教育者传递思想政治教育的具体内容，这个内容就是以教学大纲为基准经过系统建构的内容，而思想政治教育内容的系统建构，就是教育者对构成思想政治教育内容的诸多理论体系、思想观点和行为规范进行比较鉴别、合理配置、筛选优化，从而使思想政治教育内容各要素之间实现有机整合、相互贯通、彼此衔接、互动有序、协同发展。这就要求教师在思政理论课的教学中熟练运用思想政治教育的专业知识，也就是必须具备扎实的理论功底和较好的理论素养。

第二，矛盾性问题始终存在于社会主义核心价值体系与反面材料之中。作为客观事实的反面案例肯定是与社会主义核心价值体系相背的，反面案例的运用一方面是希望通过展现真实案例来消除负面效应；另一方面是希望以反面案例教育学生，发人深省。但是其中是存在矛盾的，因为在信息的传递过程中，不同的受众会有不同的解读，也就是不同的学生会有不同的反应，并不是所有学生都能通过反面案例的教育得到教育者所期望的结果。因此，思政理论课教师要在反面案例教育之后对案例本身加以评论，并引导学生对案例所反映的问题进行主动思考。也就是说，个体差异性是客观存在的事实，思政理论课教师必须引导学生正确解读信息，这样才能保证在信息传递过程中不偏离社会主义核心价值体系这条主线。

（三）依托——多样化的教学形式

形式是内容的保障，多样化的教学形式可以为思想政治教育载体提供更广阔、更有效的展示平台，这样就能充分调动学生的积极性，教学效果就会更加明显。

1. 发挥多媒体教学的优势，创新教学形式

多媒体教学形式区别于传统的思想政治教育载体的最明显之处就是图文并茂，以不同媒介的融合代替了传统文字或口头语言单一的表现形式。多媒体教学的融合一方面使得思想政治教育的载体形式从单纯的文字或表象系统转变为数字化的综合信息系统，形成低成本、高速度、大容量、多元化的信息传播；另一方面形成一个整体的网络体系，形成一条网络化、数字化和有线化的信息高速公路，从而实现不同媒介形式的功能整合，形成对受教育者全方位的影响，使思政理论课收到事半功倍的效果。

2. 教学形式的选择和设计要紧抓学生特点

以大学生群体为例，同一专业中的学生虽然普遍存在差异，但是在不同专业的学生看来，同一专业的学生在兴趣方面还是存在共性特征的。所以，思政理论课教师在选择、设计教学形式时就要针对不同专业学生的特点，在课堂教学中以其他教学形式作为补充，通过多样化的教学形式，活跃课堂氛围，有效发挥不同教育载体的功能。根据专业具体特点，文科专业的学生往往善于表达，针对这一特点，思政理论课教师可以选择讨论、辩论、演讲等能够充分发挥学生主体性的教学形式；而针对理工科的学生往往不善于表达，但是善于思考和钻研的特点，思政理论课教师可组织安排学生针对某一问题进行研讨并形成自己的观点，而后教师选择有深度、有见解的观点在课堂上展示给学生，并进行点评。

（四）基础平台——调查研究

思想政治教育是帮助学生树立正确思想的一项教育实践活动。教育者只有对生活在现实中的个人有真实的了解才能与受教育者产生共鸣，才能通过教育引导受教者构建正确的认知结构，有效促进受教育者情感系统的形成。因而，在思想

政治教育过程中，调查研究作为一个重要环节不可或缺，是开展教育教学工作的基础平台。作为高校公共基础课的思政理论课，在教学过程中要遵循规律，通过调查研究，及时掌握学生思想动态，同时通过对调查研究搜集的信息进行统计分析，及时准确地评估教学效果并发现教学过程中存在的问题，从而总结经验，为后续的教育教学做好准备。只有这样，才能真正增强思想政治教育教学的实效性。

（五）根本——教师知识结构的多元化

第一，我国思想政治教育的根本目的是提高教育对象的思想道德素质，促进人的全面发展，激励教育对象为建设中国特色社会主义、最终实现共产主义而奋斗。思想政治教育的一切活动都要依据这一根本目的展开，因为它对思想政治教育的具体目的有着指导和制约的作用。因此，为社会发展培养思想素质、政治素质合格的人才就成为高校思想政治教育的目的。从高校课程的开设目的也不难看出，作为思政理论课教师，首先自身要跟上社会发展形势，第一时间了解并把握国家社会变化发展动态，这样才能让大学生了解国情，清楚面临的机遇和挑战，才能帮助大学生明确使命和努力的方向。

第二，思想政治教育的一项重要内容就是传播社会主导政治文化，它也是政治社会化的重要途径，社会文化发展特定阶段上的社会价值取向、社会信念和社会行为模式会在很大程度上影响政治社会化的内容和程度。由于社会文化的内容非常庞杂，以及思政理论课与社会文化联系最为紧密，所以思政课教师必须具备一定的文化底蕴，这里所指的文化底蕴不仅仅是中华传统文化，还有中国特色社会主义文化和当前社会流行文化。只有这样，才能充分发挥文化的影响力，从而全面增强思政理论课的教学实效性。

第三，思想政治教育是一个大学科，具有很强的交叉性，因此思想政治教育教学的开展必须有其他学科知识的辅助应用。在思想政治教育教学过程中，思政课教师有多重身份，他们既是教育方案的实施者、制订者和评估者，也是教育信息调查员和资料分析员，这就要求思政课教师要有较广的知识面，同时具备政治学、社会学、心理学等学科的知识，掌握一定的调查统计分析方法。思政课教师只有拥有多元的知识结构，才能够胜任教育教学过程中的多重角色。

（六）保障——高校的制度安排

在思想政治教育教学过程中，对信息传播载体的选择、对教育主线的把握、对教学形式的多样化设计以及对社会的调查研究等工作都需要教师来完成，因为教师是整个思想政治教育课堂的主导者。因此，要确保教师有足够的时间和精力做好教学本职工作，学习相关学科知识，就必须建立科学的制度体系，对此高校应该制定相应的政策以及采取有效的措施，具体来说有以下两个方面的工作：

第一，科学安排思政理论课教师的工作，充分保证高校思政理论课教师的人员配备，从根本上保障教师不因繁重的教学任务而影响自身职业素养的提升，影响教学的实效性；保障思政理论课教师能够有足够的时间和精力充实自己，拓展自己的知识结构，第一时间掌握社会动态，从而得到职业素养的全面提升。

第二，以政策的形式为辅导员和思政课教师之间搭建交流互动的平台。由于工作性质，辅导员与学生接触的时间和机会要比专业课教师多很多，辅导员更能够把握学生的思想动态，更能够了解学生的困惑和现实需求。因此，高校要完善辅导员与思政课教师之间交流沟通的制度，为两者之间创造更多有利条件，促使辅导员将在平时工作中了解到的学生情况及时传达给思政课教师，为思政课教师制定教学内容提供参考，从而避免教育教学的无效性和重复性，保证思政理论课教学效果和预期教学目标的实现。

二、普通高校思政理论课的价值

（一）用党的指导思想武装大学生

高校思政理论课承担着立德树人的根本任务，必须将党的指导思想根植于大学生的心中。这是因为大学生是党和国家的未来，是民族的希望，他们终将成为国家各行各业的栋梁，所以大学生对党的指导思想的掌握程度，不仅关系到大学生自身的成长，更关系到与其相关联的其他更多的人。

第一，用党的指导思想武装大学生不是指学生自发性的学习，它必须是在思政理论课教师的指导下进行的，教师通过形式多样的教学活动将理论研究成果展现给学生，并解答学生的困惑。经过多年的探索与发展，思政理论课教师进行教学活动不再是对照书本照搬照教，而是主动将学科建设的研究成果作为课堂教学活动的有力支撑，这样思政理论课教学才会有吸引力、感召力。思政理论课教学尤其是课堂教学不是对国家会议文件或方针政策的简单重复，而是在高校教学指导委员会的指导下，对学生关注的热点、难点问题进行有针对性的示范引领。正是由于大学课程中有思政理论课，所以用党的指导思想武装大学生时，学生的学习是有计划、有组织、有时间保障的。在这期间，既有专业教师的课堂讲授，又有学生的课外自学和实践活动，还有师生之间经常性的互动交流，最后还有课程考试或考核，这些都能及时督促大学生主动和深入地进行理论学习。

第二，用党的指导思想武装大学生是一种系统化的学习，通过学习实践活动，大学生会对党的指导思想有一个全面深刻的了解。

第三，用党的指导思想武装大学生是一种深刻的学习，它不是照本宣科的浅显学习。现如今，由于阅历的增长，大学生对知识的了解不再像高中时期那样，他们不仅知道理论"是什么"，而且能更深层次地去了解"为什么"会有这个理论。再加上当今社会媒体发展迅速，理论宣传所涉及的基本上都是理论的结果，面对大众不可能做到因材施教，其针对性不足。在高校思政理论课教学中，教师能够通过多样化的教学手段和教学形式激发学生的认知兴趣，帮助学生不断深入学习，开展学术研究。在教师的指导下，学生对党的指导思想会有更深的理解和研究。

第四，用党的指导思想武装大学生是一种动态的学习，因为党的指导思想是与时俱进的，学生学习思想的变化也是与时俱进的。党的指导思想在实践中不断充实、不断完善，教育者在学习这一理论成果的时候，不仅仅要关注党的相关文件精神，更要关注党的各项理论研究成果。

当代大学生有较强的求知欲和较好的接受知识的能力，他们具备一定水平的理论知识，所以掌握和理解理论知识的能力要比一般人强。当代大学生既是新时代中国特色社会主义历史变革和建设的参与者，也是享受变革成果的受益者。所以，教师要用党的指导思想武装大学生，让大学生能够主动学习该理论，这是高校思政理论课达到目的的前提条件。

（二）帮助大学生养成社会主义事业需要的思想道德品质

思想道德建设是党的指导思想的重要方面，高校思政理论课作为思想道德教育的主阵地肩负着重要职责。

在人才培养过程中，越来越多的学者强调要把思想品德的考核放在首位。直至现代，历任国家领导人更是强调人才培养必须坚持德育首位、德才兼备。文化自信是更基础、更广泛、更深厚的自信，是更基本、更深沉、更持久的力量。在中国特色社会主义文化建设中，社会主义核心价值观是文化软实力的灵魂，是决定文化性质和方向的最深层要素。

高校思政理论课要在帮助大学生充分认识社会主义核心价值观重要性的同时，让大学生遵循社会主义核心价值观，把社会主义核心价值观的要求变成大学生日常的行为准则。因为大学生的价值取向在一定程度上影响未来整个社会的价值取向，而大学生又处在价值观形成和确立的关键时期，抓好这一时期的价值观养成十分重要。

第三节　高校思政理论课教学方法的特征与理论

一、普通高校思政理论课教学方法的特征

由于思想政治理论具有思想性、政治性和理论性等特征及特殊的政治道德指向功能、思想引导与价值引领功能，所以思政理论课教学方法具有指向性、制约性、综合性等特征。

（一）指向性特征

思政理论课的特殊性质决定了其教学方法的指向性，思政理论课教学方法应指向学生对马克思主义信仰的坚守，体现在学生思想品德的提高和社会主义核心价值观的践行上。作为立德树人的关键课程，思政理论课的课程属性不同于以传授理论知识为主的知识课程，也不同于以传授操作技能为主的实践性课程，它在传授理论知识的同时，更加注重对学生施加有目的的、正向的影响，引导学生将理论知识体系转化为自身的信仰体系，树立正确的世界观、人生观和价值观，不断提升思想政治素质和品德情操。

思政理论课关注的不仅仅是学生掌握了多少理论知识，还包括学生内在的思想品德结构和外在的行为表现，需要解决"为谁培养人"和"培养什么人"的根本问题。同时，高校思政理论课教学方法指向性特征还体现在其是为实现思政理论课的教学目标服务，思政理论课教学方法的改革与发展应始终围绕完成思政理论课教学任务、提升思政理论课教学实效这一根本目标进行。

（二）制约性特征

思政理论课教学方法的制约性是指教学方法的选择和运用不是任意的，必须依据教学目标、教学内容、教学条件的实际情况合理选择和运用，同时应兼顾学生的特点，能动地选择和运用教学方法。不注重教学方法的制约性，就会导致教学方法"无的放矢"。

具体而言，这种制约性主要体现在以下四个方面：

第一，受教学目标的制约。思政理论课采用什么样的教学方法，首先取决于教学目标。高校思政理论课的教学体现在"知、情、意、行"四个方面，这四个不同层级的目标需要与之相适应的教学方法。

第二，受教学内容制约。教学内容是对教学目标的具体落实，思政理论课的教学内容具有鲜明的政治性、思想性和理论性，这就需要在教学中采用的教学方法既有理论性又有生动性，既有说服力又有吸引力。

第三，受教学条件的制约。教学条件分为教学场地、硬件设施等物质性条件和学生的知识背景、认知方式、情感心理等主观条件。任何教学方法的有效运用都需要创设必要的条件、顺应实际的条件。

第四，受人的因素的制约。这种制约一方面来自教师自身，另一方面来自学生。从教师自身因素来说，教师的理论学识、品德情怀、性格特征、教学专长、精力、体力等都会对教学方法的实际运用效果产生很大的影响。从学生因素来说，学生的知识背景、心理状态、主观需求、认知兴趣、学习方式等各不相同，教师需要根据学生的特点对教学方法进行适当的调整，以不断提高教学的针对性。

（三）综合性特征

思政理论课教学过程本身就包含着多种矛盾，具有复杂性、多样性等特点，同时，教学的实际情况也是不断变化的，需要思政理论课教师根据教学实际情况灵活地将多种教学方法相结合，综合运用，这就体现了思政理论课教学方法的综合性特征。

思政理论课教学方法的综合性特征，并不是指多种教学方法的简单相加，也不是为适应教学内容而对教学方法进行简单的拼凑，真正的综合应该理解为"互补生成"。这种"互补生成"意味着教师在进行教学前的准备和教学过程中，关注的焦点不是单纯的教学内容、教学进程、在什么阶段运用什么样的方法，而是如何从整体上把握教学内容和学生学习的实际情况。与此同时，"互补生成"还体现为注重教学过程的互动性。思政理论课教学离不开师生之间的互动和教学方法与内容间的互动，也离不开师生与教学内容和教学方法的互动，在这种复杂的、动态的互动过程中，必然需要思政理论课教学方法的综合化。

二、普通高校思政理论课教学方法的价值

在一个完整的教学过程中，包含着复杂多样的各种因素，其中教学方法是最外显的和最丰富多彩的因素，是对教学质量影响最显著的构成因素，是思政理论课教学改革最根本的落脚点和永恒的热点。

（一）中介与桥梁的价值

教学方法是联系教师、学生和教学内容三者的必要中介和重要桥梁，直接反映了教师教学水平的高低。在完整的教学过程中，教学方法选择的恰适性直接与教学是否成功、教学目标能否实现、教学效果的好坏相关。教学方法有时体现为教师的一种态度，有时体现为一种教学手段，有时体现为一种教学模式，但在根本上是一种教学的能动的心智操作，通过这种能动的心智操作，教师可以将教学目标、教学内容、教学对象、教学环境等有机地统一和结合起来。

通过深入的理论研究与实践探索，可以肯定的是，并没有放之四海而皆准的普适性的教学方式或方法，教师需要充分地发挥主观能动性，根据教学目标、教学内容、教学对象、教师自身特点、教学条件、教学组织形式等来选择恰当的教学方式与方法。教学方法是实现教学目标的手段，是提高教学质量的"内在资源"，具有重要的中介价值和桥梁作用。

一方面，思政理论课教学方法承载着教师的教育理念和教学思想，是其在对思政理论课教学实践规律的认识和总结上逐步形成的，不仅体现着教师的教学能力和教育技术，同时也是完成教学任务、实现教学目标的基本途径。思政理论课教师正是通过这样或者那样的教学方法，将其所要讲授的内容传达给学生。完全相同的教学内容和学生，不同的教师上课会产生截然不同的教学效果，除了教师自身因素（形象、年龄、经验等）的影响，选择和运用的教学方法也有一定的影响。

另一方面，思政理论课的教学方法保证教学内容的贯彻和教学效果的呈现。在思政理论课教学过程中，教师该如何选择教学内容、以什么样的方式展开教学内容、怎样与学生互动、怎样提高教学的吸引力等都需要一定的方法。同时，在教学过程中，教师处于主导地位，是教学进程的发起者和推动者，这也决定了在教授法与学习法中，教授法处于主导地位，但这并不意味着可以忽略学生的学习法。为了顺利开展教学活动，使教学更有针对性和可行性，需要教师兼顾学生的学法，以学生的学法为依据。

（二）教学方法是提升教学效果的关键因素

作为高校思政理论课教改工作中最外显与最活跃的因素，思政理论课教学方法既是落实教育目标的必要前提，也是优化教育成效的关键因素。所选的思政理论课教学方法是否合理、是否科学、是否得当，涉及思政理论课教学方法评价的根本问题。评价教学方法的一个重要因素就是其是否有利于思政理论课教学效果的提升，是否能有效地增强思政理论课教学的针对性，是否能增强大学生的获得感、认同感。成功的教学方法是提升思政理论课教学效果的关键因素。衡量教学方法是否成功、有效，一个重要的指标就是看这种教学方法能否在最短的时间内投入最小的精力来达到提高教学实效的目的。课堂教学是教学过程中最主要的环节，以教学方法改革促进教学效果提升不仅是可行的，而且是必行的、必然的。

教学方法的改革发展本身就不是一蹴而就的，其发展和完善需要一个过程，而通过教学方法的改革来提升教学效果也不是马上就可以实现的。思政理论课教学能取得什么样的教学效果，既取决于教学过程中各要素的相互配合程度，也受制于其他能够影响大学生思想品质形成的多种因素。社会环境的变化、家庭环境的影响、朋辈群体的相互影响，甚至一些偶然事件或者突发事件，都能干扰一个人的思想品德和行为。

有很多因素都可以影响思政理论课的德育目标，在这些因素中，有些是教师可控的，而有一些则是不可控的，比如社会风气、偶然事件等。思政理论课教学方法虽然是影响思政理论课教学目标实现的关键因素，但绝不是全部因素和绝对因素，片面放大思政理论课教学方法对教学目标实现和教学实效提高的影响作用是不可取的。

此外，衡量思政理论课教学效果的好与坏，还需要通过衡量思政理论课教学撼动大学生思想心灵的程度，即大学生能将多少在思政理论课学习到的知识消化吸收并真正内化为自身的认知，外化为自身的行为。

三、普通高校思政理论课教学方法的理论基础

高校思政理论课教学方法具有自己独立的体系，但同时任何学科、任何知识体系都不是孤立存在的，它总是这样或那样地同其他学科有某些方面的联系或交叉，总是要借鉴、吸收其他学科的研究成果。在当前社会条件下，随着科学技术的快速发展和人的社会化程度的不断提高，自然科学、社会科学、思维科学相互交叉与综合的趋势更加明显，各个领域的相互渗透与融合更加深入。高校思政理论课借鉴、移植其他学科的理论和方法，引进、吸收其他学科的研究成果，补充、丰富和完善思政理论课教学方法体系，是十分必要的。

（一）思想政治教育学理论

任何学科的理论都是人们在实践中概括总结出来的关于自然界和社会的系统知识。理论用于分析、解决人们的实际问题，就会转化为方法。所以，一定的理论既是世界观，也是方法论。思想政治教育学是研究人们思想政治品德形成、发展和对人们进行思想政治教育的科学课程，是以思想政治教育这一实践活动作为研究对象的理论体系。将思想政治教育的基本理论用于思政理论课教学实践，就可以将其转化为思政理论课的教学方法。

思政理论课教学方法的具体内容和实际运用也离不开思想政治教育学基本原理的指导，思政理论课教学方法是实施思想政治教育的重要手段，方法的研究是

思想政治教育学研究不可缺少的重要方面。

思想政治教育学原理所提出的教育的目标和教育的内容为思政理论课教学方法提出了方向性的要求，思想政治教育的本质、功能，思想政治教育在社会主义市场经济建设中的地位、作用等，为思政理论课教学方法提供了重要的思想指导。作为实现思想政治教育目的的手段，思政理论课教学方法要为思想政治教育的宗旨服务，要忠实地遵循实事求是、平等待人等原则，要坚定地贯彻走群众路线的方法、理论联系实际的方法，在处理人民内部的思想问题时，要用疏导的方法、民主协商的方法、讨论的方法、批评与自我批评的方法。

所以，思政理论课教学方法是思想政治教育学理论的具体运用，思想政治教育学理论是思政理论课教学方法的学科基础。

（二）教育心理学理论

教育心理学是研究教育教学情境中教与学的基本心理规律的学科。教育心理学以应用心理学的理论或研究成果为重点，这些理论及研究成果主要应用在设计课程、选择教法、推动学习动机以及帮助解决学生成长过程中出现的心理问题等方面。教育心理学既要研究教育教学情境中的基本规律、基本原理，为解决教育教学中的问题提供理论依据，又要关注教育教学情境中的具体问题，并为解决这些问题提供具体的原则，操作的模式、策略和方法。

教育心理学既要重视教育教学的基础理论研究，也要重视教育教学的应用开发研究。教育心理学的研究对象是教育教学情境中师生教与学相互作用的心理过程，以及教与学过程中心理活动的规律、特点和影响因素等。教与学是一个相互作用的过程，包括教学过程、学习过程和评价反思过程。从系统论的角度看，教与学是由学生、教师、教学内容、教学媒体和教学环境构成的体系。

因不同的学生存在性别、年龄、生理特征、学习经历和生活条件等自然、社会因素的差异，其性格和气质会呈现出丰富多彩的特征。因此，教与学的双向互动过程是教育心理学研究的内容，而采用何种方式来提升教育的效率是教育心理学研究的核心。同样地，提高思政理论课教学的效果，从方法上讲必须考虑学生个体的心理特征，要针对不同对象的心理特点采取不同的教育方法。从一定意义上说，学生接受思想政治教育的过程也是一种教学心理活动过程。帮助学生保持心理健康，提升心理素质，更好地接受课堂教学内容，是教育心理学研究的重要内容，也是思政理论课教学的任务。

因此，思政理论课教学必须借鉴教育心理学提出的某些理论与方法，如注重认知、情感、行为相结合的教育方法，心理咨询与心理治疗方法，心理保健方法等，这有利于拓宽思政理论课的领域，丰富思政理论课的教学方法。同时，思政理论课教学方法必然会涉及教师和学生在思政理论课教学活动中的心理活动特点，它所揭示的不同学生群体、个体在社会和政治生活中的心理特点和规律，又可以从更广阔的空间和更深的层次上为教育心理学的研究提供素材，充实和丰富教育心理学的理论，推动教育心理学的应用和研究的深化。

（三）教育学理论

教育学是研究教育现象及其规律的科学，它围绕教育的本质和目的、教育的内容和方法、教育的制度和管理等问题，揭示教育与人的发展之间的关系与规律。人的发展包括德、智、体、美、劳等诸多方面，应促进人的全面发展，培养适应社会主义现代化建设的合格人才。所谓人的全面发展，就是指人的体力和智力的充分、自由、和谐的发展。全面发展的人是精神和身体、个体性和社会性都得到普遍、充分而自由发展的人。因此，必须根据不同层次的人的特点，加强教育的针对性、协调性、连贯性和整体性，不断提高人才培养质量。加强党的领导和党的建设，加强思想政治工作体系建设，是形成高水平人才培养体系的重要内容。为了达到这一目的，就必须探讨教育方法和教育技术手段。

教育学的研究对象是教育问题，它对教育科学体系中的其他学科具有指导作用。思政理论课教学方法研究的目的同样是通过研究教学过程中教与学的规律等，制定合理的教学方法，提升教育的实效性，为社会主义事业培养合格的建设者和接班人，因此，教育学和思政理论课教学方法的最终培养目标是一致的。但思政理论课教学研究侧重探讨思政理论课的教学方法，其最终目的是提高学生的思想政治觉悟，而教育学比思政理论课教学方法研究的范围更宽泛。

因此，教育学能够为高校思政理论课教学方法提供理论方面的指导。除此之外，教育学所揭示的一般原理和方法，对思政理论课教学方法同样具有启迪和借鉴作用。

第四节　高校思政理论课教学方法的改革

当前国际国内的形势变化很快，新媒体技术快速发展，高校思政理论课教学遇到了前所未有的机遇，也面临着前所未有的困惑与冲突。在新的历史条件下，传统思政理论课教学方式方法的问题与弊端日益显现。适应新情况、解决新问题离不开思政理论课教学方法的改革与创新，思政理论课改革与创新势在必行。

通过对高校思想政治教学方法改革与创新的必要性的研究，可以坚定教育者不断致力于教学方法研究的决心，为教学方法改革与创新研究注入动力；通过对教学方法创新取得的成绩和存在的问题的梳理，可以帮助教育者进一步明确推进教学方法改革与创新的途径。同时，思政理论课教学方法的改革与创新要坚持"八个相统一"的基本原则，在促进中国特色社会主义理论成果"三进"、坚持以问题为导向、不断增强学生获得感等方面着力。

一、普通高校思政理论课教学方法改革创新的基本情况

随着互联网和信息技术的飞速发展，信息传播更新的速度更快、数量更大，人人都可以成为自媒体的中心。各种思想交流碰撞，各种声音交错杂糅，各种价值观念和社会思潮纷繁复杂，既给高校思政理论课教学带来了巨大的挑战，也为其带来了巨大的发展机遇和提升空间。在新的时代，高校思政理论课教学方法是否应改革创新，应如何改革、怎样创新，如何不断增强思政理论课教学的说服力、感染力和吸引力，使教学既有针对性又有实效性，是每一名思政理论课教师都需要深入思考的问题。

（一）教学方法改革创新的必要性

时代在发展，技术在进步，生活环境在变化，大学生的思想行为状况不断呈现出新的特点，高校思政理论课的教学目标和任务在不断调整，教学内容也在不断变化，因此高校思政理论课教学方法也要不断改革、发展和创新，以适应新的情况。不断改进旧方法、探索新方法，对提升思政理论课教学实效具有重大的

意义。

1. 陈旧的教学方法阻碍思政理论课教学发挥实效

影响思政理论课教学发挥实效的原因是极其复杂的，教学方法陈旧是重要原因之一。尽管随着网络与信息技术的发展，出现了各种各样、五花八门的思政理论课教学新方法，但是从我国各高校思政理论课教学的现状看，这些新方法的覆盖面和使用率是极其有限的，广大思政理论课教师依然喜欢采用比较单一的讲授法进行教学。讲授法操作简便、覆盖面广，特别适合当前的大班教学模式。可是，枯燥无味的讲授只会使学生的头脑成为教学内容的容器，这种单向的传递信息方式、偏重死记硬背的学习过程忽视了学生的主观需要和对理论知识的接受程度，整个思政理论课课堂是单调乏味、枯燥沉闷的。

2. 教学方法的改革创新能促进教学相长，提高教学质量

教学方法是联系教师教与学生学的重要纽带，是教师与学生沟通的桥梁。教师通过教学方法向学生传授教学内容，学生通过教学方法对教师的活动产生反应。通过教学方法，教师的活动与学生的活动联系起来，为实现共同的教学目标进行互动。教学方法采用得当，教师和学生之间就会处于良性的互动中，师生之间的沟通就是顺畅和愉悦的，这无疑会极大地促进教学。

学生的需要应成为思政理论课教学改革的关注点，成为思政理论课教师致力于对教学方法改革创新研究的重要抓手。关注学生、回应学生的需要是提高思政理论课教学质量的关键举措。教师要想适应学生不断变化、发展的需要，就要不断调整教学方法，这无疑会使思政理论课教师的教学研究水平和教学能力更上一层楼。

3. 新的教学方法能提高思政理论课到课率、听课率与抬头率

提高思政理论课到课率、听课率和抬头率，是思政理论课教学改革追求的重要目标之一。增强大学生学习的主观能动性，实现教学过程中的"教师要我学"到"我要主动学"的转变，是提高思政理论课到课率、听课率和抬头率的关键。从目前的高校思政理论课课堂来看，只要采取一定的措施，就可以保障学生的到课率，如何使学生认真听课、认真思考问题、真正地融入课堂才是摆在我们面前的现实问题。真正实现思政理论课教学的"入耳、入脑、入心"，是当前思政理

论课教学需要尽快解决的重要问题。

兴趣是学生学习最好的老师，使学生能够真正体会到学习的乐趣是提升教学效果的关键。充分抓住学生的心理特点，利用"小班教学""大学生讲思政理论课""鲜活生动的实践课"等新形式和新方法增强学生的主观能动性，变"被动听课"为"主动听课"，才能不断提升学生思政理论课的参与感与获得感。

（二）教学方法创新的做法与成果

教学方法在思政理论课"教"与"学"之间建立起二者密切的联系。科学把握好课堂教学的主渠道，不断汲取以往思政理论课教学方法运用过程中的成功经验并结合新的环境与技术加以拓展，是不断推动教学方法的科学改革和创新的关键。在近年的思政理论课教学实践过程中，教学方法创新的做法和取得的成果如下：

1. 逐步树立正确网络教学理念

在进行思政理论课网络教学方面，大部分教师越来越意识到网络教学方法的重要性，逐步树立起科学的网络教学理念，开发了形式多样的网络教学方法。慕课、雨课堂、翻转课堂等各种网络教学平台蓬勃发展，很好地弥补了线下教学存在的某些缺陷，也更好地利用了学生课余的碎片化时间。学生在进行网络课程学习的过程中，没有了老师的督促和监督，为了很好地完成网上学习任务，学生在每一个网上授课环节都需要自主、独立、积极、主动地完成，不仅提高了学生的自学能力，同时锻炼了学生的网络操作能力，促进了学生综合能力的提高和全面发展。

2. 开发利用智能教学的新形式

在新媒体时代，如何将新媒体技术应用于教学实践、增强教学实效性是摆在思政理论课教学面前迫切需要解决的问题。对于智能手机，与其被动"禁止"与"围堵"，不如转变观念和思维角度，因势利导、扬长避短，减少其对课堂教学的消极影响，将其转化为思政理论课教学的辅助平台和促进学生学习的有效载体。在课堂教学中，通过超星学习通、智慧树等手机 App，思政理论课教师可以快速地点名和发起对某个话题的讨论，可以及时了解学生对知识的掌握情况，增强思政理论课教学的灵活性、趣味性和针对性。

3. "微时代"思政理论课教学创新

随着网络技术、数字技术和移动技术的快速发展，人类已经进入"微时代"。所谓"微时代"，即"微媒体"不断更新、"微内容"不断生产、"微传播"不断进行、"微应用"不断出现、"微用户圈"不断形成的时代。"微时代"给高校思政理论课教学既带来了发展机遇，又带来了严峻的挑战。

随着"微时代"的到来，各种信息的传播不再受时间和空间的限制，人们通过网络和"微媒体"可以随时随地查阅信息，思政理论课教学的相关内容也可以随时随地发布在网络上供学生查看、学习，促使学生有效利用碎片化学习时间。同时，在"微时代"，各种各样的信息"爆炸式"传播，拓宽和深化了思政理论课的教学内容，人人都可以通过"微平台"发布信息，参与对信息内容的讨论，与其他网友进行互动。思政理论课教师可以利用这一契机最大限度地调动学生讨论相关问题的积极性，不断启发他们，使他们主动参与到课堂和小组的学习和讨论中。

在"微时代"，思政理论课教学的方式和手段更加新颖和丰富，"微信""微博""微视频""微课"等都可以被广泛运用到思政理论课教学中，从而取得较好的效果。

二、普通高校思政理论课教学方法改革创新的基本原则

推动思政理论课改革创新，应坚持"八个相统一"。这"八个相统一"回应了当前思政理论课建设过程中面临的重大问题，不仅科学概括了思政理论课建设的成功经验，而且深刻揭示了思政理论课教学的内在规律性，必然成为新时代高校思政理论课教学方法改革创新的基本原则，以及新时代高校思政理论课改革创新的方法论。

（一）政治性和学理性相统一

高校思政理论课在教学过程中，既要坚持政治性，又要兼具学理性，这就要求思政理论课教师在教学过程中既要坚持价值引领的政治方向性，又要用深厚的理论来阐释政理。

坚持价值引领的政治性教学方法是思政理论课教学顺利开展的根本保证，坚持正确的政治导向在大学生树立科学的世界观、人生观、价值观过程中发挥着关键作用。思政理论课教学内容的学理性阐释为思政理论课教学的政治导向性提供了坚实的理论基础和保障。正确处理政治导向性与思政理论课知识性的关系是思政理论课教学过程中首先要解决的重要问题。政治性是主导，学理性是从属，两者相统一是思政理论课不同于其他专业理论课的根本特征。

在思政理论课教学中，坚持政治性和学理性相统一的教学方法，要求思政理论课教师在教学中研究理论、深挖理论，通过透彻的学理分析来回应学生的知识需求，通过彻底的思想理论来解决学生的思想困惑，通过真理的强大力量来引导学生形成正确的三观。

（二）价值性和知识性相统一

与大多数专业课程将教学重点放在传授知识上不同，思政理论课的最终教育目标不只是使学生获取知识、掌握某项技能，还包括将正确的价值观念和正能量传递给大学生，这就需要在思政理论课教学中巧妙地找到并把握好知识传授与价值观塑造的结合点，坚持价值性和知识性相统一。

首先，从思政理论课教学实际来看，单纯地以传递某种价值观为目的来进行的教学活动是根本无法引起学生的求知欲和探索欲的，这样的思政课堂肯定是呆板无趣的，只有以知识为工具来支撑学习内容，才能引发学生的学习兴趣，使进一步延伸学生的思维和价值判断成为可能。

其次，在思政理论课教学过程中，如果不用特定数量和质量的知识来承载带有特定目标的价值观，思政理论课所传递的"道"就失去了"文"这个赖以存在的载体，势必带来思政理论课实效低下甚至无效的结果。要想让大学生明确该做什么、该怎么做，就要让大学生知道为什么这么做。因此，以知识的力量去感召和征服大学生不仅是可为的，更是应为的。

最后，在大学阶段，大学生处于三观的快速构建阶段，其精神世界常常会发生两种甚至多种思想和价值体系的激烈交锋，往往会出现这样或那样的思想和价值上的困惑。只有通过持续的、不间断的、有效的正向学习，才能不断地促进大学生思想素质、道德素质、政治素质的提升，解决大学生思想上、认知上、行为上出现的问题。

在思政理论课教学中坚持价值性和知识性的统一，要求教师在教学的过程中始终坚持社会主义核心价值观的引领，将对大学生价值观的引导融入对大学生进行的理论知识的传授之中，使学生在不断地学习马克思主义理论知识的过程中感受到真理的力量，既收获丰富的知识，又不断提升运用马克思主义理论分析问题和解决问题的能力。

（三）建设性和批判性相统一

思政理论课教学方法的发展需要坚持建设性和批判性的统一。建设性体现为不断对思政理论课教学方法进行改革和创新，批判性体现为不断对教学方法进行反思和调整。

从外部的发展动力看，好的教学方法必然是随着教学内容、教学环境、教学载体、教学手段的不断变化而不断改革、调整和发展的；从内部的发展动力看，只有通过对现有教学方法不断地进行批判性反思和调整，思政理论课教学方法才能不断地得以优化，提升针对性和实效性。

同时，建设性与批判性应统一于具体思政理论课教学方法运用的过程中。例如，随着现代信息技术和自媒体技术的发展，微课、慕课、翻转课堂等不仅获得建设性的发展，还在具体教学的过程中引入了热点问题讨论、项目研究展示、疑难问题剖析等具有批判性的内容，这样的思政课堂才能真正地吸引学生，增强学生的获得感。

（四）理论性和实践性相统一

在思政理论课教学过程中采用理论性和实践性相统一的教学方法是由思政理论课本身的性质和特征所决定的。较强的理论性和鲜明的实践性是思政理论课的重要特征之一，这也必然要求讲授这门课程既要注重理论性又要坚持实践性，只有采用知行统一的教学方法，才能真正地兼顾大学生知、情、意、行四个方面，使科学理论的学习、道德情感的培养、意志品质的提高最终体现在大学生行为能力的提高和实际的行动中。

（五）统一性和多样性相统一

坚持立德树人的教学方向和目标，是思政理论课教学应坚持的统一标准。在这个教学目标的指导下，高校思政理论课在全国高校使用统一的教材，确保了教学内容的统一性。这就要求为实现教学目标服务、清晰展现教学内容的思政理论课教学方法也要具有统一性。这种统一性主要体现在以下两个方面：

第一，从教学内容和教学目标看，思政理论课在教学方法上存在着普遍适用的教学方法，比如讲授法、灌输法、启发法等，科学运用这些方法，有利于思政理论课教学目标的实现和教学内容的入脑入心。这种思政理论课教学方法的统一性原则，也确保了多种多样的教学方法同向而行，共同为实现立德树人的根本目标服务。

第二，思政理论课教学方法的继承性体现了教学方法历史发展的统一性。尽管随着新技术的出现和教学环境、载体的变化，微课、慕课等借助网络、多媒体等的教学新形式如雨后春笋般大量出现，但是传统教学方法依然发挥着重要的作用。教育者应坚持思政理论课教学方法的继承发展原则，注重对传统教学方法的传承与优化。这种继承发展也是教学方法统一性的体现。

每一个大学生都有各自的特点和不同的需求，他们的文化背景、思维方式、价值判断标准都是不尽相同的，单纯地要求教学方法的统一性必然不能满足学生的不同需求，因此，教师在坚持教学方法统一性的基础上还要坚持教学方法的多样性原则，实现统一性与多样性相统一。确立"因地制宜、因时制宜、因材施教"的多样性标准，不断提升思政理论课教学的针对性，是教学方法多样性原则的具体体现。教学有"法"，"法"无定"法"，在新的形势下，针对不同的教育对象应选择更加灵活和多样的教学方法，同时应提倡多种教学方法的组合和优化。

（六）主导性和主体性相统一

思政课既具有教师的主导性，又具有学生的主体性。思政课是教师与学生互动的教学过程，教师是教学过程的主导者，在教育教学中起着引导的作用，学生是教学的对象。思政课的教学目的是提高学生的思想政治和道德素质，因而必须尊重学生的主体性。

首先，教师要发挥主导作用，这种主导作用的发挥是教学工作顺利开展的基础和前提，选择什么样的教学方法，采用什么样的教学方式都是由思政理论课教师根据教学内容、教学目标等因素来决定的。

其次，充分发挥学生的主体作用，深入研究并遵循大学生的认知规律、主要需求和接受特点，充分关注学生学习积极性的调动和主观能动性的提升，采用课堂讨论、情境展示、启发互动等灵活多样的方法，使学生自主自愿地参与教学过程，实现"要我学"到"我要学"的转变。

思政理论课教师在授课过程中，采用的教学方法要兼顾教师的主导性和学生的主体性。承认和肯定学生的主体性并不意味着否定教师也是课堂的主体，在整个教学过程中，教师只有充分地发挥自身的主体性，才能实现对教学过程的掌控和主导，才能从根本上保证思政理论课教学沿着正确的方向顺利进行。同时，在教学过程中，教师应灵活运用一切有利于调动学生学习积极性的教学方法，充分尊重学生的主体性，坚持教学方法主导性与主体性的统一。

（七）灌输性和启发性相统一

高校思政理论课的政治性和思想性特征决定了思政理论课教学应坚持灌输性和启发性统一的教学方法。坚持灌输性和启发性相统一，正确理解理论灌输方法是前提。思政理论课的理论灌输方法是教育者有目的、有计划地向受教育者进行马克思主义理论教育，引导受教育者逐步树立科学的世界观、人生观、价值观的方法。

当代大学生是中国特色社会主义事业未来的建设者和接班人，身处各类思潮暗流涌动、社会多元发展的时代，如果没有坚定的信仰和政治立场，其后果是不堪设想的。这就要求教师在思政理论课教学中毫不动摇地坚持灌输原则和方法，旗帜鲜明地用科学理论武装大学生的头脑，用正确的舆论引导大学生。当然，成功的灌输离不开正确的方法，这种正确的方法就是不断提高"灌"的艺术性，坚持灌输与启发相统一，充分注重启发性教育。

在思政理论课教学中要始终注重启发性教育，引导学生充分发挥主观能动性，在教师一步步的引导下自己去发现问题、分析问题、思考问题，最终顺利地得出结论，提高掌握和运用科学理论的能力。坚持灌输性和启发性相统一的思政理论课，既不是"洗脑课"，也不是"说教课"，而是生动的"说理课"和"铸魂育人课"。

（八）显性教育和隐性教育相统一

作为思想政治教育的两种形态，显性教育和隐性教育在思想政治教育方法体系中一直处于比较重要的位置。显性教育注重通过旗帜鲜明的、积极引起被教育者注意的外显性教育活动，来传达教育内容，实现教育目标。隐性教育与之相反，主要通过了无痕迹的、不被受教育者觉察的内隐性的教育活动，使被教育者在浑然不觉中接受教育。

坚持显性教育和隐性教育相统一，是提高思政理论课教学效果的重要抓手。从宏观层面来看，思政理论课显性教学是完成教学内容的主渠道，主要以课堂为依托，以系统化、规范化、专门化的方式进行，其强调的是教学的明确性和有组织性。显性教学方法在实现思政理论课教育目标、完成教学任务中的重要作用是毋庸置疑的，关于显性教学的方法研究也是最多的，但是这并不意味着教师仅依靠课堂和显性教学方法，就可以实现全部的教学目标，隐性教学方法的重要价值同样不可忽视。

学生思想政治素质的提高，科学世界观、人生观、价值观的养成是一个长期的过程，也是一个多方面因素综合作用的结果，离不开课内的显性教学培育，也离不开感化、移情、感染等隐性育人方法。这些隐性的育人方法虽然润物无声、潜隐无形，但对学生正向的感染和熏陶作用往往更为细腻、深入而持久。同时，思政理论课教师本身的人格魅力和道德示范作用也是很好的隐性教育资源。一位对学生充满爱，愿意付出爱，具有坚定信仰和深沉的家国情怀、充满人格魅力的教师，自会将其信仰、志趣、希望根植于学生的心灵之中。

三、普通高校思政理论课教学方法改革创新的着力点

各高校的思政理论课教学方法改革创新如火如荼地开展，取得了较大的成绩。但同时，当前高校思政理论课教学实效与党和国家对思政课提出的新要求还有一定的差距，并不能很好地适应社会因不断发展出现的新变化。面对差距与问

题，当前的思政理论课教学方法改革创新应从不断推进中国特色社会主义理论成果进课堂、进头脑，坚持以问题为导向，提升思政课教学改革优质供给、增强学生获得感三个方面着力，切实增强思政理论课教学的实效性。

（一）推进中国特色社会主义理论成果进课堂、进头脑

与时俱进，实现高校思政理论课教学内涵式发展，注重思政理论课教学工作的"纲"和"魂"，是当前改进和创新高校思政理论课教学方法最重要的着力点。

在这里，主要探讨推进与思政理论课教学方法改革创新直接相关的中国特色社会主义理论成果进思政理论课堂与进学生头脑。

第一，课堂教学是学生获取系统知识的主渠道，不断深化当前思政理论课教学改革的重要任务之一，就是将中国特色社会主义理论成果切实融入日常的思政理论课教学过程中。思政理论课教师在深刻学习和全面领会中国特色社会主义理论成果的基础上，可以采用灵活多样的方式方法，结合教材内容来向学生深刻阐释中国特色社会主义理论成果的深刻内涵和精神实质。在课堂教学中，可以采取小组讨论、知识竞赛、辩论会等方式，也可以邀请理论专家和领导干部做专题讲座。同时，可以通过在微信公众号、微博等"微平台"推送学习中国特色社会主义理论成果的精品文章、精品微课来满足学生课前预习和课后巩固的需求。此外，要注重在实践教学中开展党史国史教育、社会主义核心价值观教育、中华优秀传统文化教育、"四个自信"教育等主题教育活动，使学生将深入学习和亲身贯彻中国特色社会主义理论成果的学习活动落到实处。

第二，切实推进中国特色社会主义理论成果进学生头脑。进学生头脑即学生对中国特色社会主义理论成果真学、真懂、真信和真实践。其中，真学是真懂、真信和真实践的前提和基础。如何使学生真学，需要充分调动学生的积极性、激发学生的学习热情，使学生主动地学、自愿地学、快乐地学。这就需要思政理论课教师在改进和创新思政理论课教学方法上肯下苦功夫，不断提升教学的针对性和实效性。

（二）坚持以问题为导向

如何在有限的时间内把思政理论课讲精讲好讲到学生心里，是每一位思政理

论课教师都要认真思考的问题。马克思主义理论看似枯燥乏味，实则丰富生动，思政理论课教材上的内容看似是固化的，实则是鲜活的；中国特色社会主义理论看似是与生活脱节的，实则与每个人息息相关。使学生切实感受到思政理论课教学内容的生动、鲜活，与个人的成长成才息息相关，离不开坚持问题导向的思政理论课教学方法的改革与创新。

坚持问题导向的思政理论课教学方法的改革与创新，首先要明确什么是问题导向。问题导向即以解决问题为做一件事情的根本指向，少做与问题关联不大、不做与问题无关的无用功。在思政理论课教学过程中坚持问题导向，就是以解决学生在思政理论课学习过程中出现的问题和自身的思想认识问题为根本指向，一切的教学活动都围绕这些问题来开展。坚持问题导向的教学方法的基本思路是发现问题—设置问题—分析问题—解决问题。

在思政理论课教学过程中树立问题意识，坚持问题导向，首先要发现问题。一方面，教师应在授课前采用调查问卷、座谈会等形式充分掌握学生思想认识中对思政理论课内容的疑惑和自身无法解决的思想问题；另一方面，教师要找到思政理论课教学中实效性不强、吸引力不足的根本问题。从这两方面的问题入手展开思政理论课教学，就会使教学活动有的放矢、具有针对性。

发现问题后需要结合思政理论课教学目标与教学内容来设置和分析问题，这里最有效的方法就是将问题嵌入思政理论课教学内容中加以整合的专题式教学方法。通过问题引领的专题式教学，可以最大限度地将教学内容与学生的现实问题相融合，使学生在学习理论知识的同时也学习到正确看待问题、分析问题和解决问题的方法。由于教学过程始终是围绕学生的实际需要展开的，学生会自觉、主动地参与教学活动，教师的教与学生的学处于良性的互促互动中，学生的学习效率提高了，其感到疑惑的问题也会在学习中得到正确的阐释和有效的解决。

（三）提升教学改革优质供给，增强学生获得感

思政理论课教学的供给方是一个包含教师、教材、课堂等诸多要素的有机体系，需求方主要指大学生。思政理论课教学目标的达成度与教学中供给与需求的平衡程度直接相关。从当前我国高校的思政理论课教学的实际情况看，供给侧与需求侧存在一定程度的失衡，"供"与"需"不相契合，在一定程度上影响了思

政理论课教学目标的实现，使教学效果大打折扣。

　　思政理论课要从提高思政理论课教学质量出发，以增强学生的获得感为目标，围绕学生真正的需要和思想认识中的困惑来有针对性地调整教学内容和教学方法，用改革的办法优化课堂、师资、保障等要素，提高思政理论课教学对解决大学生人生价值观等困惑的针对性，扩大思政理论课优质教学资源供给，不断提升学生的获得感和满足感。

第三章 高校思政理论课教学方法的优化

第一节 高校思政理论课的实践教学

实践教学活动是高校思想政治理论课教学的重要组成部分，强化实践教学内容是提高思想政治理论课教学效果的有效手段。目前，高校在开展思想政治理论课实践教学活动中存在着诸多问题，通过深入研究问题产生的原因，并从创建全新的实践教学理念、健全的组织管理机制、完善的经费管理制度等方面，阐述新模式下强化思想政治理论课实践教学的具体方法。

实践教学是高校思想政治理论课教学的一个重要环节，它通过强化学生主体的参与、感悟，将课堂理论教学的内容内化于心，从而实现"知""行""信"的统一。根据加强和改进高校思想政治理论课工作要求，高校将加强实践教学作为改进高校思想政治理论课的主要方式方法，探索和创新思想政治理论课实践教学体系，是当前高校提高思想政治理论课教学质量的重要任务，同时也是广大思想政治理论课教师必须深入研究的重要课题。

一、高校开展思想政治理论课实践教学的重要意义

（一）实践教学为培养大学生自我教育能力提供了平台和载体

思想政治教育其实就是外因通过内因起作用的过程，也是思想政治理论课教师在实践教学的过程中，让学生通过自身的教育能力，不断地激发他们自主的思想矛盾斗争，从而引导学生从现实自我转化为积极的理想自我，最终让学生通过所学到的思想政治理论课知识，树立正确的人生价值体系。人的社会化过程是终身的，学生终究会离开校园和教师，只有具备自我教育能力，才能更快地融入社会。教育的终极目标就是不教育。只有当学生具备了自我教育的能力，才会形成

可持续发展的潜力，才有可能在参加工作以后，不断提高和完善自身素质，最终使学生达到与社会需要相适应的较高层次。因此，思想政治理论课的各项实践教学活动，为学生自我教育能力的培养提供了最好的平台和载体。

（二）实践教学有利于大学生更好地将理论与实际相结合

实践教学活动是高校思想政治理论课教学的重要组成部分。大学生在参与实践教学的活动中逐渐学会运用理论联系实际的方式来解决问题，在整个实践教学过程中学生形成了正确的"三观"，即世界观、人生观、价值观。高校思想政治理论课要富有鲜活的时代感和现实感，实现理论与实际相结合，就必须借助实践教学，让学生在实践活动中接触客观实际，认识客观实际，感受客观实际，逐渐地学生就会对思想政治理论有更深刻的理解，最后自然接受思想政治理论内容。

（三）实践教学有利于加深大学生对社会和国情的了解

实践教学活动是理论内化并形成信念过程的重要环节，学生自觉地理解、认同和接受科学理论，有时需要通过实践教学来实现。高校通过开展实践教学活动，让大学生可以走出校园去工厂、农村等地亲身感受和体验，学生既可以充分了解社会主义现代化建设所带来的巨大成就，同时又能看到由多种因素所造成的经济发展不均衡，特别是部分农村的贫穷落后状况。引导学生学习工人、农民勤劳和淳朴的优秀品质，从而真正地了解国情和社会，增强大学生的社会责任感。同时针对现实社会的实际情况，指导学生运用马克思主义的基本理论进行正确的分析，使他们能够了解社会所存在问题的本质原因，从而进一步加深其对社会的了解和认识。这就可以使大学生在刚步入社会时，就能够运用思想政治理论课所学到的理论正确地分析和对待社会中存在的问题，而不至于出现盲从或措手不及的现象，从而增强大学生适应社会的能力，进而使其能够较好地适应社会。

二、创建行之有效的思想政治理论课实践教学新方法

（一）全新的实践教学理念是先导

不可否认，固定的学习场所对每一个求学者来说都是必要的，但时代在发

展，这样传统的"课堂"模式同样也需要做出改变。社会发展变化很快，正是在这一背景之下，大课堂观作为一种全新的教育教学理念被提了出来。大课堂观是思想政治理论课实践教学理念，主张将教学从教室内的课堂向校园，或向更为广阔的社会大环境方面拓展，让思想政治理论课教学的课堂延伸到校园和社会，进而从多种角度以不同的方式引导大学生将所学知识转化为服务大众、报效祖国并实现自身价值的现实能力。

（二）健全的组织管理机制是基础

相比于课堂理论教学，实践教学的组织管理更为复杂。实践教学涉及教务处的教学安排、教学院部的人员职责确定、财务部门的经费支出、后勤部门的支持和保障，除此以外还包括联系和确定场地、对学生进行培训和考核等方面。因此，如果仅凭思想政治理论课教学部门单方面的力量，仅仅依靠人员有限的思想政治理论课教师，想要很好地开展实践教学工作是比较困难的。高校思想政治理论课实践教学在建立健全组织管理机制方面，需要整合多种力量并投入实践教学活动之中。高校可以探索建立由学校分管党政领导负责协调，思想政治理论课教学部具体牵头实施，教务处、财务处、学生处、宣传处、团委等部门分工合作、各司其职的思想政治理论课实践教学实施与管理细则，在实践教学活动开展之前，将工作任务下达到学校相关部门，并将其作为工作绩效年度考核指标之一，以确保思想政治理论课社会实践教学的正常开展。

（三）完善的经费管理制度是根本

有的高校思想政治理论课实践教学由于缺乏专项经费的支持，学生社会实践教学活动逐渐演变为"贵族式"活动。"兵马未动，粮草先行。"只有优先确保经费，各项实践教学活动才能有效开展。各高校可以按照教育部相关文件精神，设立实践教学专项资金，确保实践教学活动可以长期和有效地开展。与此同时，在经费管理使用制度方面也应该严格按照审批程序操作，通过对实践教学项目的内容和形式进行论证，挑选出教育意义大、可行性强、社会价值高、实效性明显的实践教学项目予以立项，最终通过运用有限的实践经费使教育效果达到最优化。

（四）稳固的实践教学基地是条件

目前，高校思想政治理论课实践教学基地数量较少，功能定位不够准确，实践教学基地没有真正地置于教学之中发挥其应有的作用，高校在加强基地建设的基础上要重新认识和界定其功能。充分发挥实践教学基地在整个实践教学活动中的基础性地位，把基地作为平台，建立一批相对固定的实践教学基地，并以此来带动整个思想政治理论课实践教学环节。实践教学基地应作为重要依托，与高校长期保持紧密的合作，从而使双方关系的发展更具有可持续性。高校可以充分发掘和利用本校及学校所在地的思想政治教育资源优势，建立长期稳定的校内外实践教学基地，使学生积极融入社会实践活动中，进一步增强对思想政治理论课学习的热情，为实施可持续性的实践教学提供基地保障。

（五）可行的考核评价体系是保障

实践教学的考核是否体现规范性、民主性、公平性、责任性，不仅关系着实践教学开展的实际效果，而且影响着学生对实践教学的认可程度。因此，高校思想政治理论课实践教学必须创建一套客观、合理、积极、系统的考核体系，才能有效保证其健康持续地开展下去。实践教学考核评价体系同时包含对学生的考核办法及对教师的考核办法。高校需要制定出学生评价教师与教师评价学生相结合、结果评价与过程评价相结合、定量评价与定性评价相结合的"三个结合"考评体系。同时，实践教学考核制度的过程监控需要多方参与，即包括同行、学生、第三方机构和用人单位在内的多种考核评价方式，实现个体考评与团体考评相结合、处罚性考评与奖励性考评相结合、校外考评与校内考评相结合，尤其是通过各方渠道获得的社会对学生的评价情况要在实践教学成绩考评中予以体现。

第二节　高校思政理论课的通史意识与语言锤炼

一、高校思想政治理论课教学与通史意识

高校思想政治理论课教学具有通史意识，可以帮助学生厘清教材内容、深化

认识，有助于坚定学生对中国特色社会主义的理想信念，并达到思政课教育的目的，还有益于塑造学生的认知结构和思维方式，培养新时代的高素质人才。在实践教学中，高校思政课教师可以从古今纵向历时性之"通"（历史发展的连续性）和"变"（各历史阶段不同特点），共时空间的横向之通以及历史的整体性研究入手，以拓展高校思政课教学的深度，提高教学的实效性。高校思想政治理论课教学具有通史意识，尤其要注意在高校思政课教材内容下进行，要从叙事到反思，再到后思，叙事、反思、后思相结合，高校思政课教师还要不断提升理论素养，增加专业知识储备。

高校思想政治理论课的教学目的是"立德树人"，帮助大学生树立正确的世界观、人生观和价值观。通史意识是指通古今之变的意识。它要求史家叙史要注重从变化中考察历史发展的进程，要揭示出纵向历史之"通"（历史发展的连续性）和"变"（各历史阶段不同特点）与横向共时空间历史人物活动之间的关系，并用之当下，推及未来。通史意识是中国史学的优良传统，它对于推进"中国近现代史纲要""马克思主义基本原理概论"等思政课的教学亦具有重要意义。下面试以通史意识对高校思政课教学的影响为中心展开，主要探讨通史意识对高校思政课教学的作用、通史意识在高校思政课教学中的运用，以及在实践教学中需要注意的问题。

（一）通史意识对高校思想政治理论课教学的作用

1. 帮助学生厘清教材内容，深化认识

从宏观层面看，思政课涉及的历史内容起于原始社会，终于现在，横向则涉及整个人类世界。思政课教师在教学中具有通史意识，便能够有意识地揭示出纵向历史之"通"（历史发展的连续性）和"变"（各历史阶段不同特点）与横向共时空间历史人物活动之间的关系，并酌古鉴今，用之当下，推及未来。这不但能够帮助学生厘清教材内容，揭示历史发展的大势和其中的规律，还能够突破教材内容本身的局限，升华认识。

通史意识必须寓于具有反省可能与必要的、覆盖较长时间的史书中，但通史中"通"之精神却可以应用于思政课个体的教学中。具体到思政课个体的教学中，任何历史事件和具体思想都有其诞生和发展变化的政治、经济、文化和知识

谱系的背景，思政课教师具有"通"之意识，在教学中便会把历史事件和具体思想置于时间和空间的坐标上，纵向历时考察其产生的背景、发展变化的过程，并揭示出与横向共时空间人物活动的关系，进行综合，得出结论。这有助于把教材内容讲清、讲透、讲深。

思政课教学中，宏观层面的通史意识和个体讲授中"通"之精神二者互为补充，相得益彰，这不仅可以帮助学生厘清教材内容、深化认识，还可以推进整体与个体之间的循环解释，丰富学生对思政课教学内容认识的层次。

2. 有益于塑造学生的认知结构和思维方式，培养新时代高素质人才

从认知的层次来说，人类的认识始于个体，但要真正认识个体，则必须把个体置于整体之中，人类认识的最终目的，是要建立对整体的认识。从认知的意义上来说，人类对历史的认知乃是出于对现实的需要，既是为了探寻当下自我存在的意义，也是为了从历史进程中寻求经验，用之当代并推及未来。思政课教学具有通史意识，可以把教学中的个体置于整体视野，从而打破课堂对个体的简单堆砌，有助于培养学生对于历史宏观思考和整体把握的能力，进行综合，得出结论，并"承百代之流而会乎当今之变"，即达到用之当代并推及未来的目的。

(二) 通史意识运用于高校思想政治理论课教学需注意的问题

1. 从叙事到反思，再到后思，叙事、反思、后思相结合

叙事是指历史学家用讲故事的形式展现过去的技巧。叙事运用于思政课教学，可以增进思政课教学的生动性、活泼性。反思是指历史学家从具体历史事件中归纳出历史经验，以用于未来处理同类事件的见解。后思是对反思的再反思。它是在反思的基础上，以思想为对象，得出规律性的认识。通史意识是为反思再反思，即后思。

高校思政课教学以历史为授课内容，以思想政治教育为目的，若想达到思想政治教育的目的，除了对历史个体的生动讲述、对具体历史事件进行反思外，还需要反思再反思，即后思。通史意识是为后思，后思要在叙事、反思的基础上进行，思政课教师要做到从叙事到反思，再到后思，叙事、反思、后思相结合。这既体现了思政课教学从历史特殊性至历史一般性的认识过程，契合了大学生认识

问题的逻辑进路，同时也兼顾了思政课教学的生动性和深刻性。

2. 高校思政课教师要不断提升理论素养，增加专业知识储备

高校思政课教学具有通史意识，这就要求思政课教师既要掌握与通史相关的理论，还要在充分熟悉教材的基础上，在课下查阅大量资料，增加知识储备，唯有此，才能把通史意识灵活贯穿于思政课教学，达到拓展思政课教学深度和广度的目的。

高校思政课教学具有通史意识，便是培养学生突破经验思维层面，对历史及人类社会进行深度的本质思考的能力。这不仅关系学生的认知结构和思维方式的培养，也关系高校思想政治理论课"立德树人"目标的实现。

二、高校思想政治理论课的教学语言锤炼

高校教师应利用多元化的教学语言，不断丰富课堂、锤炼课堂主体，使传统理论课教学模式得到优化。高校教师不仅是学生学业的向导，更应当以培养学生的思维辨析能力为核心，让学生的道德素养得到全面提升。由此可见，教师应不断优化课堂本身，弥补传统教学方式的缺陷，锤炼出合理、科学的教学语言，从而提高学生的学习积极性和学习兴趣。同时，在锤炼教学语言的过程中，教师也需要将思政的课程框架融入其中，并提炼出最精简的语言逻辑和语言结构，使学生吸收先进的教学思想内容。

(一) 高校思想政治理论课的本质

高校思想政治理论课主要以中国特色社会主义思想为本质，让学生在思政课程中学习与时俱进的学科思想，有利于让学生在认清自我的过程中了解唯物主义的内涵，培养学生的"公民"意识。由此，充分认知高校思想政治课的本质，有利于提高思政课堂教学的教学效率，其本质体现在以下方面：第一，理论课包括当前社会的发展方向和发展形式，如社会荣辱观和发展性思想的特点；第二，课程需要侧重于对学生性格和差异进行分析，如需要对学生人生和生活方向进行解惑；第三，需要使学生明白生活和学习的关系，厘清思政必修课的重要性；第四，课程也强调对学生综合素养的培养，特别是对学生应变能力的开发，逐渐发掘最适合学生自身的发展方向。

（二）锤炼思想政治理论课堂教学语言的作用

锤炼思政课程的教学语言，能让学生在一定教学计划范畴内形成发展性的人生价值观，有利于让学生掌握最正确的思想观念。因此，教师须重视锤炼课堂语言，培养学生的思维能力，使学生清晰认知正确和错误内容的区别。所以，教师务必精准锤炼思政课堂的语言内容，理解课程的核心作用，以彰显思想道德水平的意义。其作用主要包括以下几点：

1. 提高课堂效率

思政课堂应使用精干、简洁的语言，同时利用新媒体突出某一事件的过程及影响。如现阶段大学课堂会借助新媒体技术进行教学，利用精准的语言讲述社会主义指导性思想，有利于让学生在潜移默化的教学引导中形成社会主义思想，这对于提高课堂教学效率是有利的。同时，思政课程对学生的成长是有利的，因此锤炼思政理论课语言能显著提高课堂效率。

2. 突出教学重点

精干的语言能让学生根据板书了解到课程的重点。通过阐述思政理论课框架，借助对应的教学手段细化某一知识点内容的讲述，有利于加深学生对理论内涵的理解。同时，通过系统的教学介绍，有利于确保学生身心健康，使学生在物质、精神方面得到满足。此外，学生可借助学习工具明白相关知识点的运用方法，并在学习中举一反三，有利于减少学生之间、师生之间的矛盾，从而构建更稳定的教学环境。

（三）精练思政课堂教学语言的措施

1. 锤炼课堂语言，突出教学重点

思政理论课程是烦琐而又乏味的，这就要求教师能够把握住教学重心，并围绕这一教学重心进行总结。所以，教师在引出教学问题的同时，需要使用较为精练的语言总结这一问题所涉及的知识点和相关内容，使学生在认知规律的过程中掌握理论的内涵，不断活跃学生的思维，从而彰显课程的实践性。具体应从以下几方面进行内容锤炼：

第一，需要把握政治课程的严谨性。所有理论课程都是非常严谨的，需要以理性、客观的态度看待所遇到的问题，使用精准无误以及平和的语气对这一问题进行或深或浅的探索。通过较为正式的形式，引导学生对问题进行推理探索，以此提升概念内容的准确性和严谨性。当学生对某一理论问题有所疑问时，教师也应积极对这一问题进行系统的解答。例如，湖南工业职业技术学院思政课堂上，教师引导学生以自己的认知，讲述"生命接力"的意义。课堂上，学生讲述了他自身的经历，并借助视频对这一事件进行呈现。由此，学生理解了骨髓捐献的使命，也能从这名学生身上学习到担当和责任的内涵。值得注意的是，必须保证事件内容的严谨性，这样才能引导学生认知"奉献"二字的使命意义，也有利于让学生自主发现身边的小事，透彻理解社会主义核心价值观对个人成长的作用。

第二，需要把握学术语言的规范性。任何政治学术语言都是极其专业的，所以教师需要精准用词，使用规范的术语和有针对性的逻辑推理，让学生信服。例如，在讲述利润和收益的关系时，教师需要借助对应的生活场景，对所涉及的经济问题进行探知和分析，借助数字阐述问题和事件的真实性。同时，在探讨"经济贸易"这一问题时，必须结合各国的经济储备、经济情况进行探索，引导学生利用精准的数字分析基本理论的差异性。

第三，需要把握理论的关联性。几乎所有的思政理论都是有关联的，教师需要分析出理论的层次特点，借助每一层级的大小进行条理划分。由此，教师一定要注意课程内容的先后顺序，在必要的条例中予以层层推进，使专业的术语得到有效的拆解，这样不仅有利于学生明确学习目标，也能让学生听懂思政理论内容并理解关联理论内容。

2. 完善理论储备，发挥教学特点

诸多课程理论都是与时俱进的，教师需要不断学习政治基础理论，不断丰富自身的理论储备量，形成独特的教学特点和教学观念。由此，教师需要学习国学、历史、政治、经济学、心理学等方面的内容。心理学、经济学能够提升教师本身的气场，有利于让教师就不同学生的特点进行分析，同时结合专业性、针对性的应用举例，提高授课的有效性。此外，教师需要展现出自身独到的教学特色，在开展教育的同时丰富课堂本身，具体应从以下两方面进行探讨：

第一，根据教学大纲，策划出导学方向。例如，教师可结合某一政治或社会方面的热点，要求学生从"实验"的角度进行理解，同时对这个问题进行预测和讨论。当学生提出不专业抑或是调侃性的言论时，教师必须对学生进行针对性的指导，同时重点强调课堂纪律，使学生在开导过程中把握严谨而专业的心理，这对于活动的开展是有利的。

第二，结合教学内容，提升课堂主动性。教师应改变传统的思政课程模式，将课堂侧重于对学生的引导和讨论。由此，教师可采用分组教学模式，将学生分成人数相近的教学小组，引导学生在小组讨论中进行学习、互动和理解。同时，教师应要求学生运用适合自我的学习方式，根据这一学习方式进行学习与记忆，有利于提高课堂实效。

3. 利用新媒体平台，寓教于人

思想政治理论课需要更加"亲民"，主要是由于传统、晦涩的语气和方式可能会让思政课堂枯燥无味，难免会让学生缺乏对思想政治课程的学习积极性。由此，教师需采用以下方式进行创新：

第一，巧用微课教育，同时借助时尚、热门的网络用语，让思政课堂不失活力。由此，教师可引入带有正能量的词语，借助诙谐、幽默的语言阐述问题，能让课程更有意思，也能让教学有事半功倍的实际效果。

第二，教师应利用微信、微博等教学方式，对课堂语言进行教学设计，使教学课堂不失文学色彩。其主要原因是"00后"大学生的思想普遍较为前卫，所以教师需要采用更加亲和的网络流行用语进行教学探知，也能拉近师生之间的距离。但是，相关网络用语也不可过度引用，否则会让课堂丧失严谨性。因此，网络教学应当做到恰到好处，不可过多。

第三，当理论教学中出现歧义时，教师应当合理调节讲课音量，切不可让教学过于官方和沉重，特别是有学生出现早退或随意讲话的现象时，教师应机智化解，尽量不要伤害学生的自尊心。当有学生想在课堂上发表自己的观点时，教师应该利用多媒体平台，鼓励学生利用最为合适的方式表现自我，有利于缓解紧张而单调的课堂氛围。

4. 营造良好的教学氛围，凸显教学语言魅力

营造良好的教学氛围，采用积极、向上的态度进行理论课程的教育，有利于

让学生积极参与到课堂探索中，使师生的思维、情感、意识产生共鸣。因此，需要从以下几方面开展：

第一，教师应深度挖掘现有的教材内容，同时进行思考、总结，将生活中的时事、政治、文化元素融入实际教学中，培养学生的发散性思维，使学生能根据课本中的理论知识，联想到所涉及的相关案例，有利于提高学生的代入感。

第二，教师需要采用幽默、风趣的语言对具体的知识点进行讲解，有利于为枯燥的学习提供良好的教学氛围。例如，教师可引入部分网络词汇，分析出网络词汇的词性及用法，从而活跃课堂气氛，让学生明白思想政治课堂的作用。但是，教师需要注意不要大量使用网络词汇，大量使用网络词汇可能会导致对理论内容的讲解、分析不到位，抑或是课堂的专业度不高的情况，无法引发学生对某一事件、某一案例的思考。

第三，可采用探究式教学活跃传统课堂的气氛，引导学生利用互联网（抖音、快手、微博）软件查询学科资料，同时对某一知识点进行探讨。另外，教师需要提炼教学语言，采用简单、易懂的语言讲述不同理论的内涵，凸显学生的主体地位，有利于学生更深入、更专注地探究具体的学科问题。此外，教师也需要在课堂中融入其他学科的内容，如社会学、心理学方面的内容，同时采用温和的语气，及时关注学生的心理状态，使学生积极、主动地进行思考探究。

第四，教师也需要在课堂中播放微课内容，可选择有教育意义的典型事例，让学生采用不同的思路进行思考、判断，以此总结出开放性的答案。通过不断丰富现有的教学资源，提高教学的灵活度，从而避免浪费学习资源的情况。同时灵活、生动的课程也能逐渐提高课堂的影响力，让学生端正态度进行思考探究，进而养成自主思考、综合探究的好习惯。

综上所述，充分发挥高校思想政治理论课的特色，并借助时尚、鲜活的教学语言，利用合理的教学方式，有利于营造良好的思政课堂的教学氛围。同时，教师也需要不断完善自己，不断强化语言的表达效果，让课堂语言具有穿透力，有利于让思政教学模式更加多元。

第三节　对分课堂与高校思政理论课教学

办好思想政治理论课，最根本的是要全面贯彻党的教育方针，解决好培养什么人、怎样培养人、为谁培养人这个根本问题。同时要加大对学生的认知规律和接受特点的研究，在高校思政课教学中充分发挥学生的主体作用。要坚持灌输性和启发性相统一，注重启发性教育，引导学生发现问题、分析问题、思考问题，在不断启发中让学生水到渠成地得出结论。由此，落实立德树人的根本任务，增强思想政治理论课（简称思政课）教学的实效性，让学生真学、真知、真懂、真用，成为可靠的、合格的人才是当下思政课教师教学的重点。

把对分课堂引入高校思政课教学中，将是落实全国学校思想政治教学座谈会精神与思政课课程改革相结合的一项重要举措，也可以构建形式多样、内容丰富、教学相长的高校思政课教学模式。

一、对分课堂的内涵

对分课堂中的对分就是把课堂时间一分为二，一半的时间为教师对教学重难点进行具体讲授，另一半的时间则是学生的讨论。目前，高校采取的教学模式大多为讲授式、讨论式、混合式，对分课堂这一教学模式隶属于混合式，但不能等同于混合式教学。

在传统的讲授式课堂中，教师满堂灌、学生满堂听。这种教学模式在理科、工科或者是一些偏向纯理论的课程中，教学效果比较好，因为它极大地节约了教学成本，学生可以对理论进行集中学习，课下再去分析并总结。但思政课的课程实质是理论联系实际，而且更多的是一种立时的反思。因此，在讲授式的课堂上，学生的理论很难立即与实际结合产生共鸣，这也是很多思政课教师即使讲授得非常好、理论性非常强，但是学生不喜欢听的原因，甚至在大学生中造成思政课教师"刻板"的印象。

还有一些年轻教师，他们往往会运用讨论式的教学模式。比如讲故事、辩论赛、情景剧、模拟法庭等多种教学形式，让课堂充满了欢声笑语，学生的参与度也很高。但是这种讨论式的教学模式往往会占用大量的课堂时间，"欢声笑语"过后，学生在课堂上又有多少收获呢？没有理论指导的形式再好也只是形式，而好的理论与形式完美结合才能绽放出更美的花朵。

混合式教学，顾名思义，就是在课堂中有讲授也有讨论，感觉和对分课堂没有什么不同。那么，混合式教学和对分课堂之间有哪些异同呢？

二、对分课堂的特点

思政课教学的特殊性要求教师将严谨的理论讲授与学生的积极参与相结合，而这也就是典型的混合式教学模式。即教师在开学初对学生进行分组，学生按照分组进行分工，一起完成资料搜集、内容整理、课件制作、讲稿撰写和上台展示。在上台展示之前的所有过程中，小组任务可能是学生分工合作完成，也可能是由少数学生完成而大部分学生"搭便车"。在分小组上台展示完毕后，教师对每一组学生的任务完成情况进行点评并打分。这种教学模式从出发点来看是好的，教师讲授知识、学生分工合作、分组进行点评，可这种传统的师生互动的教学模式其实存在很大的问题。

（一）传统教学模式的弊端

在传统的课堂上，每节课的前半部分时间是教师的理论讲授，后半部分是学生的展示，但因为分组情况是开学初就已经安排好的，这就会出现在课堂上教师讲授的内容与分组学生进行小组展示的内容没有关系。或许有人会问，如果刚好教师讲授的部分和学生分组展示的部分一致呢？

那就会出现另一个问题，学生准备的内容是理论授课前就准备好的，可以说这组学生展示的部分是学习理论前学生仔细理解掌握的结果。偶尔会有几个应变能力极强的学生能够将教师刚刚讲授的内容迅速地穿插到自己的小组讲解中，但这样的学生可谓是凤毛麟角，课件和讲稿已经限制了他们的想象，甚至有时学生小组讲解的内容和教师授课讲解的内容相悖，这显然也违背了分组讨论的初衷。

最后，讲台上的学生在进行小组展示时，台下的学生又在做什么呢？学生在课堂上不是玩手机就是看课外书。大部分教师不抓课堂纪律，听之任之，学生只要能安静听课并最终通过考试，教学目的就算达到了；还有一些教师只顾紧跟教学计划去完成教学任务，不管学生的考勤和课堂纪律，组织学生参加实践活动也由于受各方面条件限制，所以多流于形式，起不到应有的作用。不排除有部分展示学生的高光时刻会吸引讲台下学生的注意，但更常发生的则是小组展示的时间变成了讲台下学生的休闲时光。这主要是讲台上的学生展示不能吸引台下学生的注意力，当然还有台下学生参与感较低、思想走神等情况的发生。真正吸引全体学生目光的恐怕也只是小组展示完毕以后教师点评的时刻，小组展示也变成了"小锅饭"，这完全与启发性教育的育人目标背道而驰。此时，对分课堂的优势就显现出来了。

（二）对分课堂的教学阶段

教学应该分为三个阶段：讲授、吸收和讨论。这三个阶段应该是有时间顺序的。因此，讨论应该是在讲授部分之后进行，甚至讨论部分的全过程一定得是在讲授部分之后进行，这样才能真正体现出教师教授的效果。而其中有一个重要的环节也不要忽视，那就是内化。内化意味着学生能够自己去感知内容，并能通过外化的方式表现出来，这是一个独立的过程。因此，对分课堂在形式上有三种类型，即当堂对分、隔堂对分和混合对分。具体采取哪种对分形式取决于课时安排和教学内容，但可以确定的是这一定是在讲授后开始，并且要有一个完整的过程。参与讨论的人群范围，不应该仅限于展示小组成员和教师，而应该是整个班级的全体学生，这才是真正的全员全程全方位育人。那么教师要做的，就是把讨论部分进行细化拆分，讨论不仅仅是阐述自己的理解，更要提出问题并尝试解答问题。讨论的范围应当是整个班级，当天参与的小组成员是主要参与者，乃至当时课堂上的实际"教师"。在场其他学生在听完讨论小组的展示后对其展示内容或者其他相关内容进行提问，小组全体成员尝试解答，也可由非小组成员解答，教师则可以进行总体知识性引导，也可一同参与讨论。每个学生的提问、解答、提出的观点都将会列入自己的过程性成绩考核中。学生在每一场讨论中的表现将直接决定自己这门课程的最终成绩，从而调动全班学生的积极性。而讨论的内容范围也应该适当放宽，让学生敢于在课堂上表达自己的真实想法，在讨论中达到真理的升华及教育的目的。

（三）对分课堂与翻转课堂的整合

有一种教学模式与对分课堂的教学方式极为相近，那就是翻转课堂。这种新的教学模式的开发要归功于互联网对传统教学模式的革新。所谓翻转课堂，即学生课前统一去观看教师提前录制好的教学视频，并通过查阅资料和自主思考形成自我意识。回归课堂之后，教师不再集中对教学内容进行具体讲授，而是注重与学生的互动，检查学生的课前学习情况，就教学重难点与学生进行讨论，并集中解决学生在学习过程中出现的问题。翻转课堂的出现，对学生和教师都是一种极大的挑战。对于学生而言，不仅要求学生主动自觉地利用课余的时间学习，更要从自身的角度提出问题，形成独立的知识积累。对于教师更是如此。教师通过网络课程，在课堂外已经把教学重难点进行了讲解，因而在课堂上则需要集中对学生在学习过程中产生的困惑进行答疑，这就需要教师具备深厚的理论功底和极强的应变能力。毋庸置疑，翻转课堂对于传统课堂教学而言，打破了时间和空间的束缚，极大地提升了课堂的教学效果。那么对分课堂与翻转课堂相比，有什么不同，又有什么优势呢？

其实对分课堂的出现是晚于翻转课堂的，甚至可以说对分课堂在一定意义上也是借鉴和吸收了翻转课堂的优势。这两种教学模式都有一个显著的特点，就是教学主体不再是教师，而是转换成了学生，教师则从主导者变成了引领者和辅助者，这也是近年来教学改革的大趋势和总目标。对于教育工作者而言，"要我学"和"我要学"所达成的教学效果是天差地别的。由此翻转课堂和对分课堂其实可以融合到我们的思政课课堂中来。单纯"直播"课的教学模式其实就近似于传统的课堂教学，而"录课+直播"的教学模式就很像"翻转课堂+对分课堂"的融合。相信互联网教学会越来越多地被融入传统课堂教学中来，将"翻转"与"对分"相结合，应该也是今后教育的大势所趋。

三、对分课堂运用于高校思政课教学中的意义

在"云时代"和"自媒体"时代，高校思政课教学也进入了新时代。学生不再是思想上的"小白"，他们对党、对国家、对社会主义都有自己的理解和感受。网络信息的虚虚实实，让大学生无法完全辨别其虚实，这也为高校思政课教

师更好地践行立德树人目标提出了更高要求。

思政课是培养合格社会主义接班人的主阵地。对于那些社会上的热点问题，作为高校思政课教师，要严守自己的阵地，对于一些关键性和立场性的问题，要有理有据地给学生进行具体讲授，通过讨论让真理深入人心。同时，高校思政课教师要尊重学生，应该在课堂上赋予学生应有的权利，同时也要让学生清楚地了解自己所应当承担的责任，发挥学生的主体作用，而教师要从主导者变为服务者、参与者、引领者。目前，对分课堂已经被教育部全国高校教师网络培训中心列为网培项目，可见对分课堂教学模式的运用势在必行。

（一）全过程育人的重要载体

全国大中小学都专门配备了思政课教师，那么高校思政课教师就一定要有针对大学生的教学侧重点。如果说中小学更注重知识理论的掌握和爱国爱党情感的培养，那么高校思政课的重点则是培养大学生的创新思维、大局思维、历史思维、底线思维和辩证思维，能够运用所学理论对社会上的热点问题做出有理有据的分析与评论。对分课堂与其说是讲授加讨论，倒不如说是教师讲授加学生讲授加全体讨论。引导学生发现问题、分析问题、思考问题，在不断启发中让学生水到渠成。大学生具备的不应该是简单的认识和知识的积累，更应该是一种理性的思考、价值观的树立和情感的积淀。相信这一建议应该会伴随着对课堂的广泛推广得到真正实现。

（二）全员育人的重要载体

很多学生其实不是不愿意在课堂上表达自己的观点，而是心存单独回答问题错误后的恐惧。在以前的小组展示中，他们更愿意去搜集资料或者制作课件，羡慕台上的学生可以流畅地表达自己的观点，教师需要给他们一个表达自己心声的机会。还有一群学生，他们天天摆出一副"与我无关"的表情，分组展示他们也都选择视而不见、听而不闻，仅仅享受小组集体带来的福利。此时教师有义务也有责任告诉他们，天下没有免费的午餐，要想获得分数必须靠自己的努力。还有极少数学生，由于受一些错误言论的误导，开始对一些时政有所怀疑但又不敢确定，他们想表达又怕身边的人对他们投以异样的目光。他们是关心国家发展前途的有志青年，教师要让他们敢于发声，这样才能知道他们的真实想法。同时，要用理论和事实告诉他们中国特色社会主义的优越性，要告诉他们中国共产党是如何全心全意为人民服务的。要达到这样的目的，对分课堂就是重要的载体。

（三）　全方位育人的重要载体

对分课堂的开展，对于教师和学生其实都有着能力方面的考验。对于教师而言，首先不仅要充实自己的基本知识储备，还要应对学生可能通过自媒体和书籍中获取的海量知识，如果说以前"教师要给学生一杯水，自己要有一桶水"，那现在则是"教师要给学生一杯水，自己要有一河水，这个河还得是流动的河"——尤其是与思政课密切相关的国内外形势与政策。其次，教师要具备一定的应变能力，将教学的主动权交给学生是一种信任，但教师也必须要对这种信任有能力上的把握。教师和学生的相处依靠的是知识、能力和魅力而非权力，这也是一名合格教师应当具备的课堂组织管理能力。

对学生亦如此。开展对分课堂，学生也要掌握大量知识、材料才能对问题进行有针对性的评析。同时，这种方式也会让学生在语言表达能力、组织能力、应变能力上有所突破。其实对分课堂从提出到运用于课堂教学已有数年，这种教学模式也越来越得到教师和学生的认可。不过在信息化日益发展的今天，任何教学模式都不可能是永恒的，它也需要不断地与时俱进，适应教育发展的大方向。运用对分课堂教学模式，从表面上看，教师在教学中讲授的时间变少了，但从过程和结果上看，教师的备课量增加、学生的参与度得到提高、教学效果变得更好。因此，我们有理由相信对分课堂这一教学模式会成为高校思政课教学改革的新路径、新方法。

第四章　高校思政"金课"教学方法

第一节　高校思政"金课"的内涵理论

一、高校思政"金课"的提出

"金课"，其概念是针对"水课"一词而言。"水课"，顾名思义为含有水分的课程，就是停留在记忆、理解和简单运用层面上的陈述性低阶课堂，教师以"满堂灌"的方式，照本宣科地将教材内容传授给学生，结果是学生学习被动消极，教师教学态度松散、教学质量低。"金课"即为深入分析、评价与创造层面的程序性、策略性的高阶课堂，其构成要素为探究性、批判性、对话性、开放性和知行合一。具体而言，就是通过对课程的难度、深度等维度进行深化，以及对课程的考核条件做出提高和调整，从而达到提升教学质量的目的。

高校思政"金课"的落脚点，不仅在于提升学生的知识和能力，更在于提升学生的素质。为了促进学生的全面发展，"金课"需要对教学理念、目标、模式等进行全新的升级，从而推动整个高校人才培养体系的更新，以满足新时代社会发展对人才的需求。

高校思政"金课"相对其他课在功能、内容和目标上有其特殊性，因此，"金课"标准便成为思政课"金课"建设的首要问题。关于思政"金课"标准的研究，主要观点包括两个方面：一是遵循"两性一度""金课"建设标准。"两性一度"即高阶性、创新性和挑战度。从思政课的角度进行解读，高阶性主要是针对思政课的功能和教学目标而言，体现着思想政治教育的价值和导向；创新性主要是指教学内容和教学方式的创新；挑战度指严要求、严考核。二是在"两性一度"标准下，提出思政"金课"的特殊标准，思政"金课"应具备政治性与理论性双强、艺术性与引领性并重、前瞻性与实践性兼有的特殊标准等。在此基础上，思政"金课"建设的路径被提出，如树立大思政理念、教学目标的高阶性、教学内容的时代性、教学模式的互动性、教学手段的信息化、教学评价的挑战度等。

二、高校思政"金课"的基本特征

高校思政"金课"的建设标准，结合前文所说的"两性一度"，可以总结为以下特征。

（一）政治性

在思政课教学中，教育者要始终坚持并充分发挥其政治导向和价值引领作用，这是思政课的基本功能和特殊属性，也是高校开设思政课的目的。政治性是思政"金课"的首要特性，在教学过程中必须严格贯彻和遵循。政治性同时也强调了高阶性，因为相对于知识和能力目标，价值目标是更高层次的目标，无论是教学内容、方法或评价的改革都应围绕着政治性展开，为高阶性目标服务，要达到高阶性教学目标，必然要求教学内容和教学方式具有挑战性和创新性。

（二）针对性

高校思政"金课"的教学内容不是固定的、一成不变的，而是有针对性的、与时俱进的。高校思政"金课"不仅应当紧跟时代，还要因材施教，做好大学生思想政治状况的调研工作，从学生的思想政治实际出发，发现问题、解决问题。

（三）适应性

适应性主要是指教学方式既要适应教学内容，还要适应学生特点。从辩证法的角度来说，内容决定形式，因此在教学方式上，无论是传统的灌输式教学还是现代的翻转课堂，选择教学方式的依据都是教学内容。再者，在信息化环境中成长起来的00后，有着新时代的思想特点、认知特点和学习需求，只有适应其特殊性，教学内容才能被学生接受。

（四）现实性

现实性是指思政课教学的成效要在实践中得以验证。因为思政课的特殊性，即时反馈只能对知识传递和能力培养情况做出评价，但学生的思想道德水平到底如何，要在现实生活中通过学生的行为体现出来。这就要求对思政课教学的评价要以教师评价为主体，辅之以同伴、辅导员甚至家庭和社会的评价，把评价范围延伸到课下、校外、线上，增加学生行为评价，变静态的一次性知识评价为动态的多元性综合评价，这样的评价结果才是客观的，才能真正为后面的教学改革提供依据。

（五）创新性

创新性主要体现在思政课程内容、教学形式和学习结果三个方面。课程内容要紧跟时代发展的步伐，融入新鲜的时代元素，凸显前沿性、先进性和时代性。教学形式上要打破以往教师"满堂灌""填鸭式"教学，增加学生的主动性，以及师生之间的交互性，促使学生积极思考问题，主动融入课堂，培养学生自主学习的意识和创新思维。学习结果也要具有探究性和个性化，教师不再是答案的来源或提供者，也不再是真理或谬误的裁判者，而更多的是学生课程学习的引领者、推动者和协助者。学生通过自主探究的精神去寻找答案、检验答案、确证答案，挖掘自身的潜能，发挥自身的特长优势。

（六）挑战性

挑战侧重思政课课程的难度性，对教师和学生都有一定的挑战性。这就倒逼教师注重加强自身学术积累，花费时间和精力去研究教学改革，改进教学观念、创新教学方法、丰富教学内容、优化教学设计、提高教学能力、提升教学素养。对于学生而言，课程教学不是简单的知识记忆，也不是被动的理论接受，而是要学生动脑子、花心思，付出更多的心血搜集学习资料，掌握学术前沿动态，在静态的知识中把握动态的思想与精神，在掌握基础理论知识的前提下，运用逻辑推理思维，对知识和理论进行分析、排序、加工、重组，打破原来的知识体系，形成自我独特的见解。

三、"金课"对高校思政教学的价值

(一) 有助于总结教学规律

思政课的特殊性与重要地位，对教学实践提出了更高的要求。在实际的教学中，教师不仅要掌握一般的教学规律，同时要抓住思想政治理论教育的独特教育规律，以"金课"建设为导向，进一步探明思政教学的一般规律与个别规律，以获得前沿性的教育教学理论指导。

(二) 有助于提升教学效果

以"金课"建设为导向探讨高校思想政治教学模式的有效路径，有利于带动高校思想政治教育的改革，并对教育改革内容、范围、方式、标准进行界定，以提升教学实效，促进学生政治觉悟的提升和综合素质的提高，让思政理论教学取得突破性的进展。"金课"的建设，必须以马克思主义为核心。当学生对马克思主义理论的内容、作用、未来发展等方面产生疑问的时候，思政课程需要及时地解决这些问题。

不同时期的学生有着不同的生长生活环境，也会有着不同的特点，这就要求思政"金课"要与时俱进，适应不同群体的教学需求。当代大学生生长在信息技术高速发展的互联网时代，在信息接收和创造方面，有着更高的天分。这就要求思政课的针对性和实效性要进一步提高，教学的内容要紧跟时代，勤于调整，保持更新。

(三) 有利于和谐校园建设

以"金课"建设为导向，探讨思政教学模式的优化路径，有利于构建和谐文明的校园环境，形成优良的校风校纪。思想政治教育的落地与深化能给予学生更多的人文关怀，并做好学生的心理疏导工作，使得学校发展治理有方、管理到位，形成健康文明的校园文化风尚，促进高校校园环境和谐而稳定。

(四) 有利于提高教师教学能力

教师是思政教育的直接参与者，因此，一支高素质的教师队伍是办好思政

"金课"的关键所在。不同于传统教学中简单的"教学资源的拥有者"这一身份，在思政"金课"的教学中，教师需要承担更多的身份和职责。例如，知识内容的组织者、课堂教学的引领者、学生学习的合作者等。

四、打造思政"金课"的三大标准

首先，高阶性要求学生通过思政"金课"，将知识、能力、素质进行内化融合，形成解决复杂问题的综合能力，获得自身综合能力的全面提升，这是对思想政治教育质量的要求。其次，创新性涵盖了教学内容、教学方法、教学评价等多个方面，是思政"金课"质量不断提升的重要动力，也是思政教育不断发展的重要保障；再次，挑战度是指，思政教育需要有一定的难度设置，需要引起教师的重视和学生的思考。最后，不能忽视思政教育的政治性，思政教育不论形式如何，但要始终走在正确的方向上。

（一）政治性是思政"金课"的方向保障

政治性是思想政治教育课程的首要要求。究其原因，思政课本身就是作为政治教育的手段而存在的，其根本目的在于对学生民族观、历史观、国家观、文化观的培养，是国家意识形态教育的重要手段。作为大学生思政教育的主要渠道，思政课程肩负着政治功能和立德树人的责任，因此，政治性要在思政课中始终贯彻。

在部分高校，思政课课堂教学存在舍本逐末的现象，过分偏重教学形式、教学技术手段，过于强调授课内容的趣味性，弱化了思政课的政治性本质要求，这种现象必须得到纠正。我国的高等教育培养的是德、智、体、美、劳全面发展的社会主义建设者和接班人，牢固树立思政"金课"的政治性可以从常讲常新的教学内容和面对面的课堂教学形式两个方面进行贯彻。

其一，常讲常新的教学内容。思想政治教育的内容不能够仅停留在过去的历史和既定的理论，还要随着时代的发展而不断对内容进行丰富更新。一方面，要及时吸收马克思主义中国化的成果，对此进行深入研究并在课堂上进行讲解；另一方面，要时刻关注国际国内的热点新闻，将书本理论与现实生活相结合，从而使得课程更加鲜活，也更具先进性。

其二，面对面的课堂教学形式。面对面的课堂教学之所以被推崇，是因为这种教学形式在师生之间的语言沟通、情感传递、思想交流等方面，都有着其他形式无法比拟的优越性。只有通过面对面课堂沟通的形式，教师才能观察到学生内心的感受与思考，在教学时才能有的放矢，达到因材施教的目的。此外，学生在与教师的直接沟通中，会潜移默化地受到教师思维的影响，教师可以通过这种途径将辩证法等思维传递给学生，也可以在一次次的交流中影响学生，帮助他们树立崇高的政治思想和价值追求。

（二）高阶性是思政"金课"的质量保障

首先，高阶性体现在课程的高阶能力和高阶思维上，这一特征要求思政课的教学内容不能仅仅局限于对学生灌输知识，而是要培养学生高阶的思维和能力，即解决复杂问题的思维和适应时代发展的能力。这对学生而言会有一定的挑战度，可以从能力和素质的提升层面吸引学生，调动学生的主观能动性。思政"金课"的高阶性首先体现在教学目标上。学生能否形成正确的价值判断、价值选择和价值取向直接关系到思政课教学的成败。总的来讲，说服学生对政治观点和道德理念进行认同的过程，就是价值引领的过程，这一过程相较于简单的知识传授而言，本身就更具高阶性。

其次，相较于中小学的思政教学模式，高校的思政"金课"更具高阶性。大中小学思想政治教育的知识框架有相同之处，导致不少大学生疑惑为什么要重复学习以往学过的历史和政治知识。因此，高校思政"金课"需要针对大学生的能力和特点，选取难度适宜的教学内容，提出具有一定难度的学习任务和要求，让学生感受到课程的挑战度。简而言之，想要大学生对思政课程的学习提起兴趣，首先不能让学生对这门课程产生"轻视"，因为轻视就代表着习以为常，而习以为常自然难以产生兴趣。高校的思政"金课"需要在教学安排中设置一些复杂或困难的任务，从而刺激学生进行思考，并使得学生在思考问题、解决问题之后获得成就感、自信心和进取心。同时，不仅是解决问题之后学生的喜悦，在面对问题时，那种新鲜感、趣味性，也会使得学生眼前一亮，从而改变对思政教育的传统看法，增加对该课程的学习兴趣。

（三）创新性是思政"金课"的发展保障

思政课教学应该是鲜活的，具有说服力和亲和力。照本宣科、生搬硬套的课堂教学无法真正提高学生的"抬头率"。思政"金课"的持续性建设需要从教学内容的创新和技术手段的创新两个方面着手，从教学内容到教学形式都做到有的放矢、因势利导。创新首先体现在对统一教材内容的多样化合理性诠释方面。思政课教材由国家统编，体现的是国家意志和时代要求，为教学提供了政治方向、内容框架、理论逻辑和价值遵循，具有原则性与一般性。课堂教学是由不同的教师团队面对不同的学生群体，区域差异、校际差异、专业差异等都较为显著，具有明显的差异性与特殊性。也就是说，统一的教材为思政课提供了教学的根本遵循，教师必须按照既定的教材内容开展教学活动。同时，教师可以基于教材内容主题，选择不同视角进行多样化的解读和诠释，从而将统一的教材内容转化为多样化的教学体系，使思政课富有吸引力，具有针对性。

思政"金课"的创新性还体现在信息技术手段的合理运用上。当今是"互联网+教育"时代，借助信息技术手段，教师可以采取更加灵活多样的教学方式。如采用精心制作的 PPT、选取视频片段等多媒体手段辅助课堂教学，增强课程的感染力；利用慕课开展翻转课堂和混合式教学，让学生深度参与思政课教学过程，提高课程的互动性。

五、打造思政"金课"的三重思路

思政"金课"与科技相结合，其必要性一方面体现在授课形式上，另一方面也体现在当代学生的思维方式上。当代大学生生长在信息时代，其思维方式受到信息技术的影响，甚至可以说在学习方法、思维习惯、生活方式上，处处体现着互联网思维。因此，思政教育必须适应新时代学生的特点，通过与信息技术的结合，增强课程的知识性，提高课程的表现力，更展现课程的亲和力。

（一）瞄准精品思政慕课，重点建设线上思政"金课"

在诸多的线上教学模式中，"慕课"毫无疑问是当下十分成功的范例。它以简洁的操作、低廉的成本、丰富的资源、广阔的受众等优点，成为信息技术与教学融合的代表，也为高校思政"金课"的打造提供了极大的帮助。在政府积极支持、社会广泛参与下，我国高校慕课发展迅速，课程数量和选课人数都居世界第一，慕课已成为推动高校课程教学改革和促进教育公平的重要途径。

慕课的兴起同样也为思政课教学改革提供了机遇，一系列的思政类慕课成为学生追捧的"网红爆款"。国家精品思政慕课集中了全国优秀的教师和优质课程资源，是线上思政"金课"的典型代表。

精品思政慕课的广泛推广与运用，一方面，可以发挥其示范引领作用，传播先进的思政课教学理念和教学方法，为全国思政课教学提供参考；另一方面，可以发挥倒逼作用，倒逼思政课教师认真研究教材内容，借鉴使用精品思政慕课资源，改进自身课堂教学。

在重点建设线上思政"金课"的过程中，需要关注三个方面的问题。首先，在教学内容上要充分发挥名校名师作用，组建教学团队，投入人力物力，精心选择教学内容，制作精良教学视频，为广大师生呈现优质的课堂教学范例，让学生对思政课教学内容耳目一新。其次，在教学过程中要精心设计教学环节并落实网络交流，借助网络手段展开热点、难点问题讨论，让师生各抒己见。通过网络讨论使真理越辩越明，让青年学生在广泛参与的氛围中树立价值认同。最后，在资源配置上要根据学校实力和教师教学特长，组建校内或跨校的高水平教学团队，集中力量重点建设，切忌"一哄而上"。

（二）推动课堂教学革命，广泛建设线下思政"金课"

除了以精品思政慕课为代表的线上思政"金课"以外，建设思政"金课"还需坚守课堂教学主阵地，发动课堂革命，广泛建设线下思政"金课"。慕课的应用虽然对思政课教学产生了广泛影响，但并不能完全替代传统的、更大范围的课堂教学，慕课与思政课堂是融合而非替代的关系。对传统的面对面课堂进行改革创新，全面提升思政课教学质量和效果，广泛建设线下思政"金课"是一项范围更广、难度更大、影响更为深远的艰巨任务。

建设线下思政"金课"可以从推动课堂革命入手，提升课堂的挑战性，激发学生的自主性。课堂教学有"五重境界"，从低到高分别是沉默、问答、对话、质疑、辩论。而思政"金课"的打造，自然是要不断追求更高的课堂境界，从而提高学生的学习效率，帮助学生进行更具深度的学习。

在一系列的探索中，"翻转课堂"逐渐获得了教师的青睐。这种"一反常态"的教学模式，能够轻而易举地将学生的积极性调动起来。具体而言，"翻转课堂"以师生之间的互动性作为课堂教学的重点内容。教师在课前要求学生事先学习课程内容，协作完成学习任务；课中教师不再多做知识讲解，而是留出时间围绕有关问题或理论进行深入阐释、组织交流辩论或开展学生作品汇报等，实现深度学习。这种教学模式不仅直接增强了学生学习的主动性，而且为教师节省了相当多的时间和精力。教师得以将更多的精力花在与学生的交流上，增强课堂上的互动。教师也可以更加细致地对学生进行了解，使得课程的安排更有针对性，提高教学效率，让学生的高阶能力和高阶思维得到更加有效的塑造和培养。

在课堂革命方面，清华大学思政课进行了有益探索：采取课外文献阅读和课堂引导讨论相结合的方式，要求学生课外阅读一些与思政课专题教学相关的学术专著，然后到课堂上进行文献导读、引导反馈和专题研讨。这种精心组织的课堂革命教学活动显著提高了思政课的高阶性和创新性，让学生收获满满。

（三）构建教师教学共同体，提供师资保障

教师队伍的素质，是思政课质量保障的关键。教师在信息时代进行思政课程的建设，同样可以发挥信息技术手段的优势，构建教师教学共同体，实现资源共享，博采众长。

首先，搭建网络平台，集中全国优质思政课教学资源，会聚全国优秀思政课教师对统一的教材进行多角度、深层次的理解和分析。通过优质资源的共享，思政课教师在将教材体系转化为自身教学体系的过程中，可以有针对性地采用精彩案例，吸纳独到观点，有效提升课堂教学质量。优质教学资源的网络化、信息化可以更深层次地推动全国教育资源的公平化进程。

其次，在建设线上课程的过程中，要注重组建跨校教学团队，集中学校优势，发挥教师专长，相同课程的教师相互学习、共同进步。由不同学校的思政课教师共同参与线上课程建设，教学团队能够围绕课程教学重点、难点进行交流研讨，相互启发，达到取长补短、共同提高的目的。利用信息技术构建思政课教师教学共同体，在共建共享优质资源的同时，还可以培养和带动教学团队，为思政

"金课"建设提供师资保障。

六、打造思政"金课"的三项攻坚建设

思政教育是立德树人的根本。将思政教育打造为"金课",为其赋予了丰富的色彩和深厚的底蕴,是当代思政教师的任务与使命。思政"金课"的三项攻坚建设,分别以价值引领和信仰培育为目标,以自主学习和思维拓展为基础,以解决问题和切合实际为导向。

(一)以价值引领和信仰培育为目标

1. 把握横向与纵向的关系,突出重点和难点

思政教育需要横向的视野。在课堂上,教师应该放眼全球,将国际历史事件、当前国际环境、世界发展趋势等,都融入授课的内容当中。同时,将世界史与中国史进行比对教学。通过这些手段,培养学生的全球视野,让学生既能够立足中国,又能够放眼世界;既能够树立家国情怀,又能够开阔全球视野;既能够秉持公民意识,又能够了解国际大势。

思政教育需要纵向的眼光。思政教育离不开对中国历史的剖析,在思政课堂上,教师需要通过纵向的历史对比,将中国近代的抗争史、发展史,全面而客观地呈现在学生面前。要让学生了解历史,感受中华民族复兴之路的艰辛,激发其民族责任感与历史责任感,将个人与民族自觉地联系在一起,坚定民族共同体意识。

2. 梳理历史与现实的关系,把握热点和焦点

把历史讲鲜活,把现实讲深邃,解读历史需要联系现实问题、热点问题,抓住人们普遍关注的焦点,总结前人的经验与教训。教师在课堂讲授中要分析各种争论,不能回避问题,而是引导学生思考,或者是引导学生重新看待这个问题,这就需要梳理好历史与现实的关系。

从知识的层面来看,这种教学开阔学生视野,有利于学生对中国历史的发展产生更加全面、深入的理解,有利于学生总结历史经验、发掘历史规律,有利于学生更加准确而辩证地把握历史与现实之间的关系,有利于学生对历史和文化的

传承。从思想的层面看，这种教学有利于学生增加文化认同和民族情感，有利于实现思政课对学生进行价值引领和信仰塑造的终极目标。

3. 协调主导与主体关系，变痛点为通点

在思政教学中，师生之间的关系并非是完全对立的，而是辩证统一的。一方面，教师的主导作用推进着思政课的改革创新；另一方面，学生的主体性提高了思政课的教学质量。

在过去的一段时间里，教师的主导性和学生的主体性存在一定程度的失衡。要么只强调主导性而忽视了主体性，教学过程变成了单向维度，教师是讲台上"孤单"的朗读者，课堂上教师与学生既没有理论上的切磋，也缺少情感上的互动，课堂氛围比较呆板；要么只强调主体性而忽视主导性，过于迎合学生的需求，教学停留在一个较低层次上，缺少教学目标指向的灵魂，缺少启迪力和感召力。

为了避免上述情况，讲授中要注重协调教师主导与学生主体的关系，做到教育者与教育对象同频共振。教师可以充分发挥案例教学的作用，在讲到某一知识点或历史事件的时候，可引导学生回到历史的现场，身临其境地思考，充分发挥学生主体性作用。运用富含逻辑推理的案例有节奏地推进，吸引学生的注意力，引起学生的共鸣，让课堂变得生动活泼充满生机。

此外，让学生亲身参与到教学中，也是提升其学习兴趣、增强其学习动力的重要手段。例如，主题互动、名著导读、学术讨论等活动，都可以将学生的热情充分调动起来。

（二）以自主学习和思维拓展为基础

1. 认知和思维层面，优化课程设计

知、情、意、行是思政课对学生进行调动的四个重要维度，教师对整个教学时间和空间的立体把控在一定程度上影响着学生的认知系统在学习过程中打开与接受的程度。思政课既是一门政治课，也是一门历史课，其价值观与历史观贯穿着课程的方方面面。因此，要培养学生学习的自主性、提高历史思维能力，需要在课程设计方面下足功夫。

首先，有引人入胜的精彩导入，用简单而有趣的引子来破题。

其次，课程设计要有条理性，根据时间、难度等维度，对内容进行递进，使主线更加清晰，从而使课堂更加结构化。

最后，用富有逻辑性的细节故事，引导学生辩证分析和看待历史人物与事件。

历史并不是孤立存在的，而是与现在紧密结合的，学生在学习历史的过程中，应当逐渐进行深入的思考，古为今用、以古鉴今，既要明白国家与民族的过去，即"从哪里来"，也要思考国家和民族的未来，即"往哪里去"。

好的课程设计和讲授能够在思维与情感两方面对学生产生刺激。学生通过学习，可以获得理性思考、逻辑思维、理论研究的能力，也能够收获以古鉴今、家国一体的情感，将自己的人生发展与国家的建设发展相结合，从而在最大限度上提升学生自主学习的内生动力。

2. 情感和意志层面，创新教学形式

思政课教师在课堂教学中，除了传道授业解惑外，还应注重提升课程的感召度，所谓"感召度"，就是要唤起学生内心深处的家国情怀。家国情怀并不是无中生有的，它深深地埋藏在每一个中国人的内心深处。通过对家国情怀的感召，可以将理性的历史知识转化为感性的历史感情，唤醒学生对历史的记忆，增强学生对民族的情感。

其一，思政课可以与重大的节日、纪念日相结合，通过主题创作、提炼特色，一改传统课堂教学形式，舞台就是讲台，节目就是课件，演出就是教学，采用朗诵、演讲等多种表现形式，使教学变得生动，体现出对中华民族的深厚情感。

其二，让学生上台讲课，会产生更好的教学效果。思政课的教学应当鼓励学生走上讲台，这不仅是对学生表达能力的培养，更核心的意义在于学生亲自对思政课进行讲述，能够深化学生对课程内容的理解与思考。学生通过亲身的讲授，也更容易坚定自身的理想信念，提升自身的品德素养，塑造自身的家国情怀。

其三，思政教育与"四史"教育相结合。教师应当对党史、近代史、现代史、国际社会主义发展史等历史内容进行讲授，引导学生对此进行思考与追问，推动学生挖掘历史中的文化内涵，使其更加主动地面对历史、学习历史、感受历史。

3. 实践和行动层面，提升学习效果

在思政课的学习过程中，实践是必不可少的环节。它是活跃课堂的途径，是提升教学效果的良方，更是立德树人的重要环节。思政课的学习效果如何直接体现在认识论层面上为学生所接受的程度，这就需要通过实践和行动来确保家国情怀和政治认同完成入脑入心的最后环节。开展多样化的实践教学，培养学生的探究能力，如进行实地调查、撰写调研报告，以小组形式录制微视频，主动设计场景、提出假设、解决问题，用自己的视角和话语表达对国家社会的关注。通过实践，学生可以还原历史、跳出历史再回到历史，能够在解决问题的过程中深刻领悟历史发展的曲折性和分析历史的辩证性，这在某种程度上提升了课程的思想性和针对性。学生可以摆脱以前单纯完成任务式的被动学习状态，个性特点能够充分发挥出来，实现从被动学到主动学的重要转变，形成良性循环，使信仰落实在认知和认同的层面上，以实践促学习，实现思政课总体效度的提升。学生也能够在实践中感悟体验、激励意志、规范品行，能够以更加自信的心态面向未来、迎接未来。

(三) 以解决问题和切合实际为导向

1. 完善专题设置，以精准教学内容对接学生

以"思想性、理论性和亲和力、针对性"作为专题设计的出发点与归宿，确保教学目标和内容前后呼应、相互契合。同时，专题的设置要强化思政课历史、逻辑的整体感、厚重感，将中国近现代史的发展脉络、基本规律和主要经验等系统化，加深学生对历史的理解，推动学生对历史的思考。

2. 打造问题链，以理论的逻辑力量唤醒学生

学习要以疑问作为动力和出发点，因此，在教学的过程中不可毫无目的地"大水漫灌"，而要以问题作为起点，通过提出问题来引导教学，通过设计问题来进行教学，通过解决问题来完成教学。在问题的设计中，也有许多的技巧，例如，将问题细化，使其更有针对性；将问题与现实热点结合，使问题更有吸引力；将问题根据难度或内容进行拆分，形成"问题链"，从而推动学习的层层递进等。这样的授课模式能够激发学生的求知欲，也更有条理和逻辑。然而，这样

的课程设计具有一定的挑战性，其中的难度需要教师精准把握。

3. 借助新媒体，以新颖的互动形式回应学生

思政课与新媒体相结合有其现实的必要性。当今社会互联网技术快速发展，新媒体时代的到来使得信息传播的格局发生了转变。当下，新媒体的传播速度更快，移动性更强，交互性更好，个性化体现得淋漓尽致。因此，思政课与新媒体技术的结合已经成为时代的必然性选择。

例如，可以将微信公众平台引入思政课教学。微信公众平台操作便捷，即时高效，投放时间不受限制，内容多元立体，契合学生的接受规律和认知特点，符合学生在新媒体技术下的交流习惯，有利于主客体互相理解和交流，能够增加师生互动的趣味性，促进教学深入日常生活，增强思政课的亲和力。

通过微信公众号推送与课程相关信息，包括教材内容扩展、课外学习资料和阅读书目、时政热点、专家解读等，让教学内容不断贴近社会、贴近时代、贴近生活。通过话题探讨激发学生主体意识和学习兴趣，引导学生胸怀家国天下的情怀，了解学生所思所想、关心的热点焦点，积极回应学生。

第二节 高校思政"金课"教学方法的运用

一、高校思政"金课"教学方法的内涵

高校思政"金课"的教学方法，简单来说就是教师采取的方法、手段、工具的合集。它以教学目标和教学任务的实现为目的，并寓于整个教学过程中，而教学方法的选用是否得当，也直接决定着教学目标能否实现、教学工作能否收获预期的效果。

对于教师而言，最重要及最复杂的事情，莫过于教学过程中对"教"的方法的把握。之所以说其复杂，是因为教学的方法并不是一成不变的，没有任何一种方法能够放之四海而皆准，教师需要根据时代的发展，以及学生的变化对教学方法进行动态的改变。因此，对教学方法的研究，本质上并不是对"教"的单独研究，而是要与"学"相结合。"教"与"学"一旦割裂，那么任何对"教"的

探索，甚至任何"教"的过程，都会失去价值和意义。

总体来讲，教师的"教"与学生的"学"是统一的，二者统一在于师生之间的互动与交流。离开了交流互动，"教"便是空洞的，"学"也是流于表面的。因此，对思政"金课"教学方法的研究，也要兼顾对学生学习方法的研究。

二、高校思政"金课"教学方法的基本特征

对高校思政"金课"教学方法特征的研究，不能忽视其思想性、政治性、理论性的特征，也不能忽视其道德指向、思想引导、价值引领的功能。在此基础上，对高校思政"金课"教学方法进行研究，可以得到其指向性、制约性、综合性的基本特征。

（一）高校思政"金课"教学方法的指向性

所谓"指向性"，就是思政"金课"的教学方法，应当始终指向马克思主义。具体而言，就是引导学生坚定地信仰马克思主义，提高自身的思想品德，在实际生活中对马克思主义，以及社会主义核心价值观进行践行。

思政"金课"的指向性表明，思政课程的目的并不是对理论知识的简单讲述，也不是对某项实践技能的简单传授，而是要以立德树人为目的。思政课要通过对马克思主义理论知识的传播，为学生传递正能量，引导学生提升思想道德情操，让学生树立牢固的马克思主义信仰，形成正确的世界观、人生观和价值观。

简单来说，思政"金课"的课程目标，并不是解决"传授多少知识"的问题，而是解决"培养什么样的人"的问题。

同时，"指向性"还意味着，高校"金课"的一切尝试、改革、建设、发展，都应以课程的教学任务为中心，而不能"为了改而改"，不可舍本逐末，要始终把思政教学任务放在第一位。

（二）高校思政"金课"教学方法的受制约性

所谓"制约性"，简单来说就是"条件"。思政"金课"的教学方法，并不是可以随意选择的，也不是看到某个方法便可以"拿来就用"的。若不能够对制约性给予重视，教学就会显得"无的放矢"。教学方法的选择，必须考虑诸多主

观与客观的制约因素。例如，教学目标、教学条件、书本内容、学生心理等。具体而言，教学方法的制约性主要体现在四个方面：

其一，教学目标对教学方法的制约。教学目标对教学方法有着最为直接的影响，不同的教学目标决定了教学方法的不同。通常而言，高校思政"金课"的教学目标分为"知、情、意、行"四个角度，而不同层面的教学目标，都要有不同的教学方法与之匹配。

其二，教学内容对教学方法的制约。教学内容与教学目标是密不可分的，目标是内容的纲领，内容是目标的具体体现。思政课的教学内容不仅具有极强的理论性，还有鲜明的政治性，因此，在教学方法的掌握上，既要兼顾严肃的内容，也要采取生动的形式，通过特定的教学方法，将说服力与吸引力统筹兼顾。

其三，教学条件对教学方法的制约。这里的教学条件，既指物质条件，包括教学场地、教学设备等硬件设施，也指精神条件，即学生的知识储备、情感心理、思考方式等。在教学方法的选取上，要做到顺势而变，在不同的环境中将教学方法灵活运用。

其四，师生因素对教学方法的制约。这种制约体现在教师和学生两个方面，就教师层面而言，教师自身的学识、经历、性格、特长等，都会对课程产生极大的影响，同样的方法理论，由于教师的不同，呈现出来的效果也可能会大相径庭。就学生层面而言，学生对相关知识的储备、认知、需求、兴趣等因素，也会反作用于教学方法，同样的教学方法面对不同的学生也会产生不同的效果。因此，教师在教学方法的选择上要做到适时调整，不断提高教学方法的针对性。

(三) 高校思政"金课"教学方法的综合性

所谓"综合性"，是指教师在实际的教学中，需要对多种教学方法进行综合应用。究其原因，在于教学过程本身的多样性与复杂性。因此，教师需要根据教学过程中不断变化的矛盾，将教学方法相互结合、融会贯通、灵活运用。

这里的综合性，并非教学方法的简单累加，也不是简单的"裁剪拼凑"，而是一种"有机互补"。换而言之，并没有某一固定的教学模板来告诉教师，在什么内容、什么进度、什么目标的情况下，分别应当使用什么方法。教师应当从整体和实际出发，根据教学情况和学生情况，对方法进行取舍与把握。

此外，这种"综合"与"互补"，还体现在师生之间的互动上。教师与学生之间的交互，促进了教学内容的交流，也体现了教学方法的互动，这本身就是一种教学方法综合化的过程。

三、高校思政"金课"教学方法的有效运用

思政"金课"的教学成果，受到环境、内容、主体、手段等多种因素的影响，在这一系列相互链接、相互作用的因素之中，教学方法无疑是对教学质量影响最为显著的因素。因此，教学方法也成为高校"金课"改革建设中最主要的研究对象。

对高校思政"金课"教学方法的研究，从学生的角度来看，可以帮助学生树立正确思想，提高学生学习的热情与效率；从教师的角度来讲，可以进一步厘清对教学方法的认知，从而提高教学效率，改善教学水平。

通过各个高校在实践中的探索，诸多先进的教学方法被研究、推广并使用。以下选取了其中三种具有代表性的教学方法进行研究论述，它们分别是：启发式教学方法、互动讨论式教学方法、心理学教学方法。

（一）启发式教学方法的运用

"启发"就是要开拓学生的思维，让学生通过主动的思考，领悟知识、发现问题、解决问题，最终掌握知识的内涵。在我国，启发式教学一直受到大力推崇。它要求教师通过对教学资源的利用，调动学生的积极性和能动性，引导学生对问题进行思考，让学生在思考中逐渐掌握知识，并运用知识解决实际问题。

具体而言，启发式教学方法包含以下几方面的内容。

1. 要以了解学生思想、行为、学习情况为前提

教师是无法替代学生进行思考与学习的。因此，教师应当将教学的重点放在激发学生思考和教会学生思考上。这就要求教师对自己班上的学生有着全面、清晰、准确的认识。具体而言，教师可以通过以下途径了解学生：

（1）在授课之前，通过问卷调查的形式，对全班学生进行简单的摸底，通过问卷，大致了解学生对于课程的认知、态度与疑惑。

（2）在授课之中，同样以问卷调查的方式，对全班学生进行调查，从而获得

学生对于教学进度、教学内容、教学期待等方面的反馈。

（3）对部分学生进行一对一的访谈，通过深入的交流了解学生的内心想法。

（4）与班级的辅导员、班干部进行交流，侧面了解学生的思想、学习状况。

2. 要充分发挥教师的主导作用和学生的主体作用

在启发式教学中，教师的主导作用与学生的主体作用是有机结合的。

一方面，"启发"行为是由教师进行主导的，启发往往通过教师在课堂上的讲解、提问、互动等形式来实现。

另一方面，"启发"的主体是学生，启发式教学的落脚点也在于学生。学生通过一次次启发式的学习，开拓了思维，提高了创造力，获得了学习动力，收获了对知识进行独立思考的能力，取得了全面的发展。

3. 启发的实质在于内容而不偏重于形式

启发式教学方法并不拘泥于某种形式，其表现形式是动态发展的。因此，对启发式教学方法的界定，并没有固定的标准，而是更多地体现在三个宏观方面。

（1）在教师的引领下，学生能否对书本的知识进行积极主动的理解，从而达到课程目标。

（2）学生能否做到触类旁通，在面对与教材相似的知识或技能时做到举一反三。

（3）学生能否学到理解知识、掌握技能的方法。

可以说，启发式教学方法，并不是一种具体的教学方法，而是一种蕴含在各种教学方法中的教学理念。

（二）互动讨论式教学方法的运用

互动讨论式教学法所强调的内容在于不同观点的交流碰撞，这种交流碰撞是建立在互动双方平等地位的基础之上的。从形式上来讲，它不仅包括学生之间的交流，也包含了师生之间的交流。该方法指出，学生通过不同观点的交流碰撞，可以产生探索知识的欲望及学习的主动性，对于交流双方而言都是提高的过程。在实际的教学中，互动讨论式教学法有多种表现形式，这些表现形式大致可以分为四类。

1．课堂讨论

课堂讨论是使用最为广泛的互动讨论式教学方法，其可操作性强、学生接受程度高，有着天然的优势，得到了学界广泛的认可。

课堂讨论虽然表现出来"全班参与"的热闹情景，也确实有着一定的积极效果，但值得一提的是，这并不意味着参与的人数"多多益善"，也并不代表这种方法在任何情景下都适用。教师在采取课堂讨论的教学方法时，应当注意教学的内容与时机，同时需要提前对讨论的内容、范围、形式等进行详细的规划。

2．师生交流

师生交流的前提条件是师生之间平等融洽的课堂氛围。在这个过程中，教师需要将舞台更多地交给学生，让学生主动地进行表达、思考、判断。

师生互动不同于简单的提问回答，教师在师生交流中不可将问题限制得过于死板，否则交流的过程会逐渐机械化，学生也会逐渐丧失互动交流的兴趣。此外，教师在互动时还要切记，不可将交流转变为说教，而要培养学生主动辨析不同观点的能力。

3．小组合作

当下，高校的思政教育大多以大班授课的形式开展，课堂讨论和师生交流受到一定客观条件的限制。此时，可以选择开展小组合作，让学生在一定的圈子里进行交流。这里的合作可以是课堂上的问题探讨，也可以是课后的作业任务。

此外，教师在学生进行小组交流的过程中，不可当"甩手掌柜"，而要与学生进行交流互动，对学生在交流中遇到的问题及时答疑指点，这不仅会增加教师的亲和力，也会使小组合作更加高效。

4．其他形式

除了以上的互动形式外，一些学校还根据不同的授课内容，采取了更具新意的互动方法。例如，对社会热点事件进行案例式讨论，对社会焦点问题进行嘉宾式讨论，对一些具有争议的话题进行辩论式讨论，对一些情境进行模拟式讨论……这些互动形式不仅表现新颖，而且贴合特定的教学主体，既能够满足思政"金课"教学的需求，也能收获学生的喜爱。

（三）心理学教学方法的运用

高校思政"金课"不仅是"智育"的环节，更是"德育"的环节。因此，思政教育不仅要让学生明知识、懂道理，更要让学生树信心、立信念。同时，学生所学习的内容，也不局限于学生个人修养的塑造。个人与集体、与社会、与国家的关系，也是思政教育不容忽视的内容。

思政"金课"究其根本，是要在道德、情感、信念、意志、行为上，对学生进行全方位的培养，使其能够服务于社会主义事业。因此，思政教育必须从心理层面入手，对学生的思想进行洗涤与滋养。

在这样的需求下，心理学逐渐步入了高校思政"金课"教学的视线。在高校的思政教学中，借助心理学的教学方法，可以在潜移默化中实现对学生的心理引导，达到"润物细无声"的效果。在诸多心理学教学方法中，情境教学法最为突出。

情境教学法的核心在于对学生情感的激发。首先，由教师在教学过程中创设一个情境，这一情境的创设不仅要生动形象、富有情感，更要带有特定的教学目标。之后，学生需要融入这一情境之中，在情境中激发情感，进行对知识的学习。

建构心理学是情境教学法的直接理论来源。在建构心理学看来，人虽然通过学习获得知识、形成思想，但知识并非只是对经验做简单的复制与拷贝，相反，它是将环境中的信息转变为与原有图式相吻合的知识而得以建构起来的。因此，思政"金课"需要为学生创造一种可以进行自我调节与主动认知的环境，从而提升教学效果。

思政课有着极强的理论性和内容的严肃性，往往与"烦琐""枯燥""深刻""复杂""抽象"等词语挂钩，如果忽略了学生的感性因素，将学生视为简单的学习机器，对知识进行简单的灌输，那很难实现教学的目标。

良好的情感体验对于认知活动具有积极的推进作用，可以在认知学习过程中产生极大的能量。思政"金课"的课堂，应当努力向轻松愉快的方向转变。在思政课的学习中，要让学生产生耳目一新的学习体验，营造积极活泼的课堂氛围，在这样的环境中，学生不仅会提高知识的获得感，还会收获自我认同感。教师在这样的条件下教学，往往会获得事半功倍的效果。学生通过这样的学习，不仅更加容易对知识进行理解，还会形成长久的记忆，在日后的生活实践中，也会将思政教育的内容努力践行。

从方法论的视角看，情境教学以反映论的原理为基础，要求教师利用客观的教学条件对学生的主观意识进行塑造和作用。在情境教学中，教师引导学生获得感性认识，并逐步将感性认识升华为理性认识，让学生实现从形象感知到抽象理性的飞跃。思政教师通过对教学内容的研究，不断地对教学情境进行创设，并对教学的客观环境进行优化。通过这种优化，教师便可以利用语言进行支配，使学生置身于特定的情境中。由此调动起学生学习的兴趣与情绪，在对知识的融合中产生"共情"。

第三节　高校思政"金课"中挖掘多种资源

一、高校思政"金课"多种资源的分类

（一）教育显、隐性内容资源

显性资源和隐性资源对于高校的思政教学都有着重要的作用，对高校思政教学有着重要意义。就显性资源的角度来讲，现在的高校基本上都在积极地推进高校课程课堂改革，都认识到只有运用理论与实际相结合的方法才能真正调动起学生的学习热情与积极性，才能真正实现"水课"到"金课"的跨越。当然作为教学主体的教师，更应该做到不断增强理论知识，加强知识储备能力，整合教学资源，使资源为我所用。就隐性资源而言，强调的是潜移默化的作用，用学生喜闻乐见的形式推动高校思政教学，比如现在各大高校推进的"互联网+"教育模式。高校通过新媒体传播的途径，例如互联网精品课等，使学生在潜移默化中接受教育。两种方式的结合不仅有利于教育资源的整合，还有利于调动学生的积极性和主动性，进而激发他们的创造活力。

（二）调动思政"金课"内、外实践资源

随着高校教育的改革，现在高校的教育资源呈现出形式多样、内容详尽、种类众多的态势。实践活动的主体是学生，学生只有在实践的过程中才能真正做到理论与实践相结合，真正将知识转化为自身的能力，因此实践活动的高质量开展至关重要。实践课程的深入开展，可以使学生从原来的学习"死知识、啃课本"的模式下解放出来，有利于知识的学习并成长为新时代的复合型人才。对于开展好第二课堂的实践课程是至关重要的。高校中的学生党团组织与大学生社团也要积极参与到这个过程中，并发挥带头作用，要积极开展多种形式的实践活动，为学生提供力所能及的帮助，助力思政课程的推进。

（三）整合高校内、外文化资源

一切与文化活动相关的生产活动和生活活动都统称为社会文化资源。因为涉及生活与生产，故而在方方面面都对人们的思想与精神产生深远持久的影响，整合校内外资源显得尤为重要。校内的文化资源主要体现在校园内的建筑设施、校园环境、舆论阵地、教育活动、校风校规等方面。校外的文化资源更是数不胜数，涵盖面积广。尤其是在大数据时代、在信息时代，我们更要辨别校外的文化资源，取其精华，去其糟粕。文化不是固态的，校内外文化是一个整体，这就需要我们利用好校内外资源各自的优势，取长补短，整合资源，真正地发挥文化在思政教学中的积极作用，有针对性地满足学生的多样化需求。

二、红色文化资源在高校思政"金课"的挖掘应用

（一）红色资源在高校思政"金课"教学中应用的意义

高校学生是新时期现代化建设的生力军，而红色资源是中国共产党和人民在历史革命变迁过程中形成的具有实践特色、理论特色、时代特色、民族特色的宝贵精神财富和物质遗产，红色资源在高校思政教育中的应用具有重要意义。首先，有助于丰富高校思政教育内容，拓宽高校思政教育渠道。思政是高校的一门必修课程，具有立德树人的重要作用。但一直以来，高校思政都存在说教意味太

强，死板枯燥的弊端，无法让学生全身心地参与到课程中来。而红色资源内容丰富，具有极强的感染力和渗透力，在高校思政教学中，教师若是能够有效地引入红色资源，一定可以更好地增强思政"金课"的鲜活性，提升高校思政"金课"教学质量。其次，有助于学生健康成长发展。红色资源是在革命历史阶段形成的宝贵资源，具有极大的引领作用，激励了一代又一代的人，引领中国走向繁荣富强的道路。在高校思政教学中引入红色资源，可以更好地帮助学生加深对党性文化的认识，引领学生知行合一，对学生的健康思想观念塑造是具有重要意义的。

（二）红色资源在高校思政"金课"教学中的应用研究

1. 红色资源丰富理论

红色资源具有内容丰富、形象生动的特点，在高校思政"金课"教学中，融入红色资源能有效地弥补传统思政"金课"内容形式枯燥、单一的问题，这样就可以更好地向大学生传递正能量，为学生思想意识的正确发展提供保障，因此融入红色资源，丰富高校思政"金课"理论是一种可行之法，但在这个过程中有以下几个方面需要注意。首先，红色案例选取要具有针对性。恰当的红色资源案例选取，往往可以实现事半功倍的教学效果，如在以"成就出彩人生"为主题的高校思政"金课"中，教师就可以将感动中国的时代人物这一新时期的红色资源作为教学案例，以此引导学生对"大奉献"与"小奉献"做出辩证思考，从而帮助学生明确自身的历史使命与责任。或者，在学习"农业社会主义改造"这节课程时，教师可以引入"穷棒子社"的红色资源案例，说明农业社会主义改造的重要性和必要性，为课程教学起到画龙点睛的作用，更好地帮助学生理解思政内容原理。其次，红色资源引入要协同连贯，在高校思政"金课"中，教师引入红色资源，应该将课前、课中、课后有机地联合在一起，这样才能够帮助学生形成完整的认知。如在学习"坚定理想信念"这节课程时，教师可以在课前向学生引入与坚定理想信念有关的系列讲话的红色资源内容，以此在课前让学生对所学内容产生宏观了解。而在课中则可以让学生互相分析革命故事，对如何传承红色基因进行小组合作讨论，帮助学生明确坚定理想信念的重要性。在课后，教师则可以为学生布置阅读红色经典、撰写读后感方面的作业任务，这样将课前、课中、课后联结在一起的红色资源思政教学，可促使高校思政"金课"教学整体升华，更好地发挥出红色资源在高校思政"金课"中的育人作用。

2. 红色资源文化感染

校园文化对学生的思想、行为、心理有着潜移默化的影响，在引入红色资源的高校思政"金课"中，教师还可以借助红色资源打造优势校园文化，从而借助校园文化对学生进行感染熏陶，具体可以从以下两个方面做起。

首先，应用红色资源，打造校园物质文化教育。高校可以将红色资源作为主题，在院校当中建立伟大历史人物的雕像，以此帮助学生还原历史场景，身临其境地感受红色文化的冲击。此外，还可以在校园的教室、走廊悬挂红色文化壁画，这些壁画可以帮助学生更好地了解各种历史革命事件，增强学生对"红色文化"的理解，从而潜移默化地实现对学生爱国爱党情怀方面的教育作用。

其次，应用红色资源，开展校园精神文化教育。在引入红色资源的高校思政"金课"中，教师还可以依托红色资源对学生进行丰富的校园精神文化教育，如可以邀请相关专家或者老红军来校区开展红色专题讲座，组织学生开展红色读书月、红色知识竞赛、红色专题演讲等活动，并且还可以利用校园广播等途径，对学生进行红色教育方面的宣传。同时，还可以利用新中国成立、建党周年纪念日，在校内组织开展建党文艺晚会、新中国成立征文比赛等活动。通过各种丰富的红色校园文化活动的开展，更好地帮助学生认识红色文化，在丰富的校园精神文化教育下，为思政育人目标落实增添动力。

3. 红色资源实践体验

在应用红色文化的高校思政"金课"教学中，有必要通过实践体验的方式，帮助学生身体力行地感知红色文化，感受红色教育的魅力，在这里我们提出以下两种途径。第一，开展实践教学。高校可以借助各种爱国教育示范基地，带领学生进行实践学习。教师可以组织学生参观爱国实践基地、走访革命前辈的故居，以此更加深入地感受"红色文化"历史，让学生在亲身游历体验的过程中，加深党性修养，增强民族自豪感和荣誉感，以此更好地帮助学生坚定对党的信心。第二，开展社会实践活动。在高校思政"金课"教学过程中，考虑到学生日常学习比较繁忙，很难有深入实践体验的机会，而对此就可以充分地利用寒暑假，组织学生开展各种以"红色文化"为主题的社会实践活动，如参观红色革命景点、进行红色社会调查等实践活动，有条件的学校可以组织学生开展"重走红军长征路"的红色教育实践活动，在实践活动过程当中，帮助学生了解革命先辈的不易，感受革命历程的艰辛，以此激励培养学生艰苦奋斗的意志，更好地明确党的信念。

4. 红色资源网络教育

随着时代的不断发展，计算机网络广泛普及，而网络的强大作用对于红色教育而言是一种助推，也是一种机遇。高校思政"金课"教学可以充分利用网络作用，通过红色资源网络教育，实现更好的育人效果，具体可以从以下几个方面出发：第一，构建地域特色的红色网站。近些年互联网技术的迅速发展，越来越多的高校建立了专属于自身的特色网站，如北京大学建立的"红旗在线"校园网站，广泛地征询了学生的意见，将与红色文化有关的图书、影视构建了不同的板块，为学生了解"红色文化"提供了便利的渠道，实现了良好的育人效果。而这就是国内其他高校可以借鉴学习的经验，各地高校可以立足于当地实际，从当地具有"红色气息"的代表人物、风土人情、红色景观出发，构建地域特色的红色网站，以此增强对"红色文化"的认识理解。第二，构建红色网络论坛。论坛是在网络时代背景下所衍生的一种交流互动方式，而在高校开展"红色文化"的思政"金课"教学中，就可以专门组建红色论坛，就文化有关的热点问题在论坛当中在线讨论，高校的思政教师要积极参与其中，利用课余时间与学生在论坛之中就某一个问题进行在线交流，这种平等、公开、透明的讨论方式，不仅可以更好地帮助学生构建思辨意识，也可以在教师与学生的交流和答疑解惑中，帮助学生树立正确的"三观"，引领学生坚定党的信念，更好地规避不良社会风气的影响。第三，开展红色网络活动。融入红色资源在高校思政教学中，学校还可以依托于网络作用，带领学生组织、开展各种红色网络活动。如可以借助网络带领学生开展阅读红色小说、观看红色影视的网络活动，同时，还可以借助网络，让学生共同去分享红色故事，每人发一条有关爱国、爱党的红色宣言等。这些丰富多样的红色网络活动，不仅可以调动学生学习积极性，同时还可以在潜移默化的过程中使学生深受"红色文化"感染熏陶，从而更好地扎实红色教育，在具备时代感的红色资源教育下，更好地实现"红色文化"的教育性。

三、高校思政"金课"资源的整合路径分析

（一）高校思政"金课"资源整合方向路径

1. 重视思政环境，营造育人氛围

思政教育需要以环境为依托来进行思政教育工作。资源的整合需要环境的支持，因此我们需要塑造良好的思政环境。其一，要做到制度上的健全，制定相应的制度与方法，出台相应的政策，在顶层设计方面把握好方向，促进资源的整合与利用。其二，加强资源的流动，跨区、跨学校实现资源的共享与利用，形成地区的优势互补，促进各高校思政的交流与合作，取长补短，整合资源。其三，高校内部需要统筹资源，分工明确，避免思政资源的浪费，共同营造育人氛围。其四，加强监督机制，加强对资源合理利用的评估工作。

2. 夯实校本特色，提高育人效果

高校的思政教育教学在资源整合上不仅要做到自主探索与研究，还应该做到创新与因地制宜，开发整合符合本校特色的思政资源。首先，发挥教师在教育工作中的主体作用，配合学校完成各个阶段的思政育人目标，在这个过程中发挥积极的主导作用。其次，高校应该明确"命运共同体"的目标，发挥育人机制，对思政资源整合的环节、任务等有明确的认识与规划，做到稳步推进。最后，创新教学形式，新形势下要改革教育教学模式，利用网络不断丰富拓展教育资源，实现全方位立体化思政育人模式。

3. 加强载体联动，拓宽育人阵地

教学形式的不断变化给思政教学注入了新活力。传统的思政课堂教学不仅可以使得学生可以直观接受教育，而且还能使学生更加投入，身临其境，不断加深对课程的认识与理解，达到育人与知识教学的目的。现在的新兴媒体比如 QQ、微信等不仅可以丰富思政资源，而且是学生所喜闻乐见的教育形式，可以调动学生学习的积极性和主动性，进而达到很好的教学效果。新兴媒体也可以使教师更高效地完成教学任务，从而有时间去改进教学，创新思政资源整合。

4. 优化人才结构，提升教学水平

教师作为育人主体，对教育的质量至关重要。思想影响行为，教师会按照自己所受的教育和思想去教育学生，这就需要高校在建设教师队伍的时候要认真辨别与考查。一是不断优化教师结构，完善教师体系。二是在教育教学过程中也要不断加强对教师的考核，使教师的课堂成为优质又内容丰富、受学生喜爱的课堂，不断加强对教师责任意识的培养，发挥教师在学校隐性教学中的积极作用，在学风建设、校园建设中发挥教师独有的优势。三是在教学中要对所教授的知识进行拓展与整合，不断丰富课堂内容，利用新媒体吸引学生，鼓励学生参与社会实践，为学生提供丰富多彩的实践活动，提升教育教学水平。

(二) 高校思政"金课"资源整合路径选择

1. 整合联络路径，实现协同育人

对于思想政治工作的顺利推进，全员参与是根本要求。一是全员育人意味着不仅是在校的教育工作者，而且家庭成员、社会各界也应该承担起育人职责。二是全员育人也要求在全过程中育人，即教育贯穿思政教育的始终，贯穿学生成长的全过程。三是教育者需要借助各种传统的和新兴的载体，将现有资源进行系统整合，从不同的方面、角度对受教育者进行立体化全方位教育，创新教育模式，将思政教育引进职业规划中，使各个育人环节顺利推进。四是需要对校内外的思政资源、社会各界的教育资源进行整合，实现思政资源的系统化。因此，要完成这项庞大繁杂的工作就需要设置专门的部门进行管理，发挥联络作用，因为这项工作涉及面很广、内容繁杂、工作艰巨，专门的职能部门可以推进思政资源的整合和体系的建设。

2. 整合组织路径，强化政治引领

思想教育，要把坚持正确导向摆在首位，始终绷紧导向这根弦。这就需要党团组织充分发挥带头引领作用，党团组织在高校思政工作中有着无与伦比的重要作用，是落实思政工作、推进思政建设的关键部门，在工作中党团组织可以团结引领青年，起到重要的动员作用。因此需要做到以下方面：一是充分调动学生的积极性，通过举办研讨会等形式让学生参与思政工作，充分发挥党团组织的政治

引领作用和先锋模范作用，不断加强与学生间的沟通，随时了解动态，整合思政资源；二是加强党团组织、学生组织之间的联系，加强思政工作的联动，保证思政工作的顺利开展；三是要营造良好的育人环境，充分发挥育人的优势作用，开展一系列与之相关的社会实践活动，在实践中育人；四是严格考核考评机制，要明确团规团纪、党规党纪，明确职责与任务，同时推优入党的机制也要保证公平公正。

3. 整合实践路径，推进第二课堂

众所周知，在传统的教育模式中，高校的思政课程教学基本上都是"第一课堂"授课，教师讲、学生听，学生处于被动接受知识的一方。现在思政"金课"的改革，要求我们进行教育模式改革，要以实践为载体开展"第二课堂"，使学生将理论与实践相结合，增强学生的主体性，开拓思政教学范围，使学生具有创新思维，在实践中调动学生的积极性、主动性，使学生不断完善自己的知识体系和道德世界。"第二课堂"的开展，高校思政也可以积极改进教学形式，使思政教学更加灵活多变，具有开放性与创新性，整合思政资源，充分利用思政资源以实践为基础的"第二课堂"是理论课堂的补充与完善，在双重课堂作用下的学生可以将知识内化于心，外化于行。

4. 整合群众路径，完善评价机制

高校的思政改革必须立足于学生，要以学生为主，不断帮助学生解决实际困难，不断关注学生的学习和生活，助力学生成长成才。学生问题是需要进行反馈的，反馈与评价是相辅相成的，因此高校必须建立完善的评价体系，收集学生的反馈，从而有针对性地及时解决问题，提高学生对学校的信任。在这个过程中，还能了解思政工作中的不足，不断改进工作，保证后续工作的顺利开展。如高校可以主动出击，发挥党团组织的作用，深入学生群体，发现问题，也可以鼓励学生提意见反映问题。只有加强与学生之间的联系，完善评价机制，整合群众路径，才能真正地推进思政改革。

5. 整合网络路径，拓展教育资源

当今时代是互联网的时代，大数据时代的到来颠覆了人们的生活与生活的方式。作为前沿阵地的高校更应该顺应时代发展的潮流，利用好互联网的优势，整

合网络路径。整合网络路径、拓展教育资源就需要高校在思政教育中利用网络，改革教学形式，引入学生喜闻乐见的教育方式，搭建校内外资源教育交流平台，拓展学生的学习资源，使思政课堂焕发活力，使学生充满动力。在思政教学中，可以利用新兴媒体比如微信、QQ 等来调动学生的积极性，改变传统的教学模式，使课堂更加生动有趣。"互联网+"不仅可以拓展教育资源，还使思政教学更具有直观性、观赏性。

第四节　高校思政"金课"育人体系建设

一、高校思政"金课"育人体系构建思路

当今世界，各国的竞争就是人才的竞争，发展是第一要务，人才成为第一资源，而创新是第一动力。党和国家迫切需要培养一批德才兼备、具有创新能力的高素质人才，要坚定理想信念，站稳人民立场。我国需要的创新型人才不仅要有坚定的理想信念，站在人民的立场上，还要有过硬的本领和创新能力，不断吸取知识，不断进步与推陈出新。在这样的形势下，就需要积极探索创新型人才的培养机制与教育改革机制，促进人才的培养，建设创新型国家，进而实现伟大的中国梦。

(一) 充分发挥思想政治教育在培养创新人才中的重要作用

思政教育在人才培养的过程中发挥着重要的指引作用，决定着人才培养的方向性质与质量，培养创新型人才要从根本上确保创新型人才具有坚定的理想信念和政治立场。要实现中华民族的伟大复兴，要实现"第二个一百年"的奋斗目标，要实现中国梦，就需要在人才培养中，引导人才成为德、智、体、美、劳全面发展的社会主义建设者和接班人，担负起民族复兴的重任。面对新形势，高校作为育人主要阵地需要培养具有创新思维、敢于挑战、敢于竞争的高质量创新型人才。

一是要紧紧抓住政治的大方向不动摇，要坚持政治建设的统领地位。教育者

要以党的精神为指导，不断增强"四个意识"，坚定中国特色社会主义道路自信、政治自信、理论自信、文化自信，高校要积极落实全国教育大会、全国思政工作会议等会议精神，及时更新思想动态，担负起培养创新型人才、塑造新时代高质量人才的重任。

二是要坚持理想信念教育，要把坚持中国道路的自信与扎根中国大地建设世界一流研究型大学的自信有机结合起来。培养并保持永远昂扬的爱国主义精神，树立并保持永不止步的进取意识和开创精神，激发并保持永不满足的求知欲和创造欲。抓好教师和学生两个群体，在师生中大力弘扬爱国奋斗精神，在新时代建功立业。

三是要积极培育和践行社会主义核心价值观。高校要在各个环节落实好社会主义核心价值观，深入开展价值观教育就需要将价值观教育融入学生的日常生活、融入课堂中，通过理论学习、实践教学使学生真正地将社会主义核心价值观内化于心，外化于行。不断增强学生全体的国家意识、法律意识，增强社会责任感，加强社会公德、职业道德、家庭美德、个人品德的学习。

新时代高校思政育人体系要引领创新型人才培养方向，培育师生爱党、爱国、爱家、爱校的情怀，做到价值取向与党和国家同心、育人导向与政治方向同向、行动卓越与思想卓越同行、学术魅力与人格魅力同在、科研竞争力与文化软实力同步。

（二）构建创新人才思政育人体系要找准突破口和着力点

高校的思政工作是一个繁杂且系统的工程，需要各方进行系统的研究与推进。在现阶段新形势下的思政工作更应该树立牢固的立德树人使命，不断构建育人体系与"三大层面"机制，针对"谁来抓、抓什么、怎么抓"找到突破口，根据教育发展规律与人才培养规律，对人才进行系统化、全面化、针对性的培养。"三大层面"机制指的是以下三个方面。一是主渠道层面。这个层面主要指的是理论层面的学习，以思政理论课为主，目的在于让学生进行系统化、理论化的学习，有一个知识体系与架构。二是支撑层面。这个层面指的是包含实践活动课程、"课程思政"与特色思政在内的课堂体系，充分发挥实践在育人方面的重要作用。三是协同层面。这个层面主要是在校园内形成育人氛围，包含校内主题活动，满足学生的成长成才需要，在潜移默化中提升综合能力，促进全面发展。

高校在育人的过程中需要牢牢把握好课堂这个教学的主渠道，利用好传统教育模式的优势，不断推进思政理论的亲和力与针对性，满足不同学生、不同阶段的成长需求，在不断改进中进步，在进步中发展并完善。首先，要坚持思政理论课程的系统化建设与创新。思想政治理论课作为培养人才品质的课程，立德树人是根本，充分发挥在育人方面的优势作用，作为思想育人的主阵地，必须把握好育人的方向。其次，加强思政教师体系建设。教师作为育人主体，发挥着重要的引领作用，高校要积极调动教师的热情与积极性，自觉主动地推进高校思政建设，使教师具有政治强、情怀深、思维新颖、视野宽广、人格完善、自律自觉的能力品质。教师队伍体系的建设不是一蹴而就的，是一项系统性长期性的工程，这就需要各方积极配合、不断合作，形成协同联动的长效育人体系建设机制。

思政教育不仅体现在思政课程中，还体现在其他各类课程中。思政课程需要与其他课程形成协同效应，将"第一课堂"与"第二课堂"相结合，不断提升思政的针对性与亲和力。这需要做到：第一，将育人与思政相结合，将其他课程与思政相结合，在其他课程中找寻思政元素，使学生在潜移默化中得到思政教育，比如引入案例教学，激发学生兴趣。与此同时增加育人元素，形成多渠道、多载体、多形式的课程思政，做到在潜移默化中完成育人任务，达到协同育人。第二，实践课程的建设，高校应该积极开展各项各类的实践活动，积极锻炼学生的实践能力，将理论与实践相结合。比如，寒暑假的社会实践活动、各种爱国主题活动、红色革命主题活动。第三，加强特色的思政课程建设，比如针对本校的一些"第一课"、院长课程、校长课程。

营造"大思政"格局，培养学生的综合素养。全国教育大会强调，要努力构建德、智、体、美、劳全面培养的教育体系，形成更高水平的人才培养体系。要培养学生的综合素养，突出"强国修身"主题教育实践，通过营造校园文化氛围，实现活动育人、文化育人、环境育人，使之成为全校"大思政"格局的有机组成部分，成为思政课程和实践课程之外，铸魂育人的重要组成部分，以及创新人才能力升华的重要途径。培养学生的综合素养包括文明素质、知识素质、能力素质等。文明素质，包括家国情怀、价值观、道德观、法治意识、生活行为准则、人际交往修养等；知识素质，即现代人应有的基本的通识知识结构，包括基本的数理、历史、哲学、语言、文学知识和艺术修养等；能力素质，包括笔头和口头表达能力、成熟的是非和问题判断能力、做事情的组织和实践能力、解决问题的创意创新能力、保持强健体质和健康心理的能力。

创新型人才需要有严谨的科学精神和态度，要有敢于探索的精神和较高的综合素质。这就需要在人才培养中凸显科研育人的重要意义。在科研中培养学生的创新能力，不仅可以培养学生严谨的科学态度，调动学生的学习热情与积极性、主动性，而且还有利于高校培养全方位人才，实现立德树人的根本要求。在科研育人过程中，学生间具有良好的互动，可以吸引更多志同道合的人参与进来，形成专业科研优势；科研育人使学生在实践中锻炼了动手能力、专业能力，激发了学生的创造性，在实践中碰撞出创新的火花；科研育人使学生在团队中直接感受甘于奉献、敢于创新、不畏艰险、百折不挠的精神，在潜移默化中内化于心，外化于行，真正成为受人民尊敬，受国家器重，有理想、有道德、有文化、有纪律的新青年，成为国之栋梁，为中华民族伟大复兴做出贡献；科研育人使高校将科研优势与育人优势相结合，充分发挥科研育人的长效机制，实现全方位、立体化、直观性育人。

不断完善协同育人机制体制，搭建协同育人平台。在尊重人才发展规律、教学规律的基础上，不断贯彻落实教育方针、政策，坚持"第一课堂"与"第二课堂"相结合，深化理论与实践相结合体系，不断加强思政课程与"课程思政"建设，引导主渠道与其他渠道相结合，真正将思政贯穿正规教育教学体系的全过程，形成教书育人、实践育人、科研育人、文化育人、管理育人、环境育人、组织育人、服务育人的长效立体化育人机制。在校党委领导下，形成以各级党团委为核心、学生会及各学生组织为辅助的组织体系，全方面地对学生的思想进行引领，引导学生紧跟党的步伐、时代的步伐，使之成为新时代中国特色社会主义的建设者和接班人。

（三）落实立德树人根本任务，从整体打造新型育人体系

高校思政"金课"育人体系的建设要落实立德树人根本任务，就需要从整体上规划、打造新型育人体系。高校要把党的方针政策落实到高校思政教育的各个环节，充分发挥校党委团委在思政工作上的引导带头作用，要坚持党委领导下的

校长负责制，坚持党委的统一领导核心地位，建立健全党政分工、协调合作的工作体制机制。积极探索打造党管办学方向、党管意识形态、党管干部人才、党管改革发展的模式体系，打造多方协同，全方位、全过程、全人员的立体化、全面化育人格局。

思政课程的改革是高校进行创新型人才培养的重要一环，高校要积极利用好课堂教学的主渠道，在"互联网+"时代，紧跟时代潮流，搭建数字化平台，积极运用好"慕课""微课"等优秀教学资源，不断结合本校特色、专业优势打造精品课程。高校还需要明确以学生为本的教育理念，积极探索新的教学模式，引入学生喜闻乐见的形式，不断加强理论走入学生内心，让学生感受到理论的系统美、真理的价值美，切实感受到个人与国家、社会的发展息息相关。

实践课程的建设、特色思政课程的开展课程思政的探索，都可以实现育人工作。随着课程的不断开展，学生在实践中、在日常学习中都可以接受思政育人教育。高校可以通过开展一系列的校园主题活动不断培养学生的综合素质，通过一系列的主题活动，比如"爱国守法""崇礼尚美"等，在实践活动中形成高校育人氛围，培养可以担负起民族复兴重任的新时代中国特色社会主义建设者和接班人。

环境可以影响人，可以在潜移默化中实现育人。因此，高校可以在高校校园内营造校园文化氛围，作为辅助育人手段。高校要不断深入挖掘与开发思政在其他各类课程中的元素，将思政融入学生学习的全课程、全方面；高校要引导教师打造一系列的精品课程、重点课程，注重培养学生能力与知识学习相结合的教学体系；高校也需要为学生提供良好的平台与机会，在教师的带领下，在高校的推动下，引导学生积极主动投入创新实践中，接触最新、最前沿的理论成果和科技成果。在参与实践的过程中，学生可以不断学到新的知识，学习前辈的工匠精神、不屈不挠的精神。在与其他人的合作学习中，不断提高自己解决问题的能力和创新能力。价值引领是高校育人的首要条件，要在育人过程中使学生成长为具有家国情怀，具有人文精神、创新精神，具有高尚情操的新时代青年。

当今时代是不断变化的时代，高校思政育人也是不断发展变化的、一个动态的发展过程。通过网络课程与传统课程相结合、专业课与通识课相结合、社会实践与理论学习相结合，不断加强思政理论课程的系统化、理论化、思想性、亲和力、针对性，形成完整的立体化、现代化大思政教育体系，为培养全面发展的社会主义建设者和接班人做贡献。

二、高校思政"金课""三全育人"的建设框架

高校思政教育在顺应国家教育发展总体趋势的前提下，致力于为国家发展输送复合型的人才，促进"三全育人"体系的建立和完善，实现学生的全面发展。在这个背景下，进行"三全育人"教学体系的构建，能够使高校学生在思想政治教育中的管理更加科学化，目标更加明确，能够做到将思政工作落到实处，真正地为学生服务，不断地提高学生的自我素质。

（一）"三全育人"体系的组成

1. 人员

"三全育人"体系的建立，打破以往人们认为的思政教育就只是学校教师以及辅导员等学工队伍的工作范围的思想框架，而是发动高校全体教师对学生进行随时随地的思政教育。这就从人员方面保证了"三全育人"体系的应用和实施。

2. 时间

思政教育是一项任重道远的历史性工作。它是贯穿于高校学生整个学习、生活和成长过程的长远性教育。学生的思想教育要做在实处，而不是为了应付交差，"三全育人"中提出的全过程育人强调的教学理念，就是让学生从入学到毕业都能持续地接受思政教育。

3. 范围

"三全育人"中提出的全方位育人，就是以学生的全面发展为着力点。高校的教育不仅包括学生在学习上知识的提高和专业技能的掌握程度，更应该包括思想政治和思想觉悟的提高。因此，从学生的全面发展出发，在不同的时间地点对学生进行思政教育，是提高学生综合素质和思想素养的有效途径。

随着社会经济的高速发展，"金钱社会"给学生的价值观带来了严峻的挑战。如何能在这个物欲横流的社会保持足够的清醒，始终坚持正确的"三观"，是学生和学校共同面临的思想政治教育问题之一。"三全育人"中的全程育人，实际

上是把学生接受思政教育的时间和空间扩大化，让学生无论在何时何地都能接受思政教育；而全员育人又从施教人员的范围上保证了思政工作的实施。全员育人要求上到校长、教师，下到普通工作人员、后勤职工，都要参与到学生的思政工作中去。例如，很多高校学生在食堂吃饭经常会有浪费粮食的情况出现，这时教师并不知情，而食堂工作人员就可以对学生进行思想教育，让学生知道一菜一饭来之不易，它凝聚了农民的辛勤汗水，教育他们养成勤俭节约的好习惯。全方位育人指的是：第一，思政教育工作要涉及学生生活和学校工作的各个方面，通过全面的教育促进学生健康成长；第二，促进高校学生德智素质和学习技能的全方位发展，坚持以学生为本，充分结合学生自身特点和成长的需求进行德育教育。

（二）高校学生思想政治工作必须坚持以学生为本

首先，高校思政工作的最终目的就是树人、育人，培养德智兼备的全面发展的人才。而以学生为本的"三全育人"体系的建立，正是高校思政工作的必然选择。

其次，建立以学生为本的"三全育人"体系可以综合各方面教育资源，通过家、校、社会各方力量共同育人；通过社会全员、全方位的通力合作，学生的整体素质会得到有效的保证。

最后，建立以学生为本的"三全育人"体系是提高高校学生思想政治觉悟及各方面能力的重要途径。"三全育人"的思想教育方式，是对高校学生思想教育最有效的方式。当前社会复杂，学生价值观和思想行为不稳定，存在易受外部因素影响的情况，"三全育人"体系的建立能够更有效地解决这种问题，提高他们的思想觉悟和社会交际能力及社会适应能力。

（三）"三全育人"模式构建框架

1. 责任到人，落实全员育人

"全员育人"的全员包括了校长、教师、行政管理人员，以及后勤人员在内的所有学校工作人员。它要求所有教职员工都要提高德育意识，从提高自身德育素质做起，做好模范作用，不断地投身到学生的德育教育中来。因此，这里提出的全员教育不仅是对学生的要求，也是对学校全体人员提出的要求。

（1）要进行详细的岗位划分，责任明确到个人

在全员整体参加思政教育的前提下，各部门要分工合作，各自坚守自己的岗位职责，进行科学的规划，将责任落实到个人。例如，人事部门要加强师资队伍的管理，为高校谋求高质量的教师资源，为学校的思政教育提供师资保证；教务部门要科学合理分配师资比例，定期培训，适当奖励，不断提升教师综合素质；学工部要统筹学生、辅导员和专业教师的关系，关注学生生活和学习的实时动态，了解学生的需求等。

（2）培养辅导员德育教育素质

辅导员是德育教育和思政工作实施的主体，辅导员在学生思政工作中起着引导和监督的作用。各高校实行班主任责任制，动员所有教师投入学生思政教育的工作中，关心学生的成长，解决学生在生活和学习中遇到的实际困难，充分发挥对学生的指导作用，促进学生的不断成长。

2. 扩大范围，推动"全方位育人"

（1）建立家、校、社会"三位一体"的合作模式

发挥学校的主导作用，通过与社会各界的交流与合作，为学生提供更广阔的舞台，这样既能促进社会的和谐、有序发展，还能实现学生的全方位发展，大大提高高校学生的综合素质。家校合作的模式，可以使家长和学校增加互相交流的机会，充分地了解学生在校内和校外的生活和学习情况，通过家校的共同努力，为学生提供帮助和更好的成长环境。

（2）学校各部门之间的合作

比如，学工部和教务处可以就学生学习情况，共同制定《课堂行为规范》，并将其分别落实到学生和教师，加强对课堂工作的管理。也可以不定期地对课堂情况进行抽查，做好监督工作。对于学生晚上时间比较充足、自学情况比较混乱的情况，除实施晚自习制度外，还可进行集体学习辅导，帮助学生养成良好的学习习惯，提高自律能力，学会掌控和合理分配时间。

3. 扩大范围，实施"全过程育人"

第一，思政工作在时间上的开展范围是从学生入学到毕业的整个过程。通过时间上的延伸，能让学生在学校学习的各个时间段接受思想的教育。这种时间上

的延续，不只是在学校，在假期中学校也要通过内部网站，以及家长对学生思想的反馈进行远程教育，还可以鼓励学生参加社会实践。通过参加学校有计划、有组织的一些实践活动，学生能够得到切身的体会，使思想政治工作应用于实践，实践又能促进学生思想素质的进步。

第二，在推行"三全育人"方针的过程中要充分考虑学生本身的情况和素质教育的接受情况，进而设计思政教育各个阶段的计划。学生的成长有一定的规律可循，他们在成长的各个阶段有不同的诉求，因此，通过在各个时期设计不同的教育环节来进行循序渐进的教育，能够更有效地帮助学生适应社会的发展，更快地树立正确的人生观。尤其是在毕业前一年，学生告别了最初入学时的羞涩，变得越来越成熟，同时也面临着就业的压力，在这个时段，学校应当不断地培养学生的实践创新能力，并且为他们提供更多的实践机会和就业指导，解决他们在这个阶段的需求。

（四）构建"三全育人"体系的保障措施

1. 强化领导作用

在学校领导的带动作用和校长责任制的实行下，学校各个部门分工合作，为"三全育人"体系的开展提供重要组织保障。

2. 强化思政教育队伍建设

首先，"三全育人"的实施主体仍然是教师，因此组建一支高质量、高素质的教师队伍势在必行；其次，要加强对辅助力量的培训和教育，提高育人全员的整体素质；再次，就是建立健全学生会管理队伍，让一些思想品德素质比较高的学生发挥带动作用；最后，建立校外辅助队伍，加强各方面的通力合作，共同推行素质教育的全面发展。

三、高校思政"金课"全方位育人体系的建设分析

（一）"全方位育人"概念辨析

"全方位育人"是就其狭义而言，是与主体性全员育人、时间性全程育人相

对来说的，单纯的空间意义上的育人模式，单方面指代育人载体、育人手段的运用。它与全员育人、全程育人各有侧重，但互为依托、互促互进，三者共同构成了共生共荣的育人体系。

高校思政"金课"全方位育人体系中的"全方位育人"则是就其广义而言，是对育人目标、育人主体、育人过程、育人手段及育人空间的整体统摄和宏观把握，要求高校不仅要将思想政治教育渗透、参与、影响立德树人的各个方面"育全人"，还要调动一切能够为思想政治教育工作发力的积极因素"全育人"。高校思政"金课"全方位育人体系具体是指在党的领导下，全体教职工与大学生双主体的共同努力中，以立德树人为中心，将思想政治教育贯穿渗透在教育教学全过程、学生成长成才全过程，利用课上课下、线上线下育人空间，体现高校思政育人工作在时间上的全过程性、空间上的全方位性和内容上的全覆盖性，充分发挥高校思政整体性功能的有机工程，是聚"点"成"面"、引"线"转"体"的全面表述，是价值性、协同性、系统性的内在统一。

（二）高校思政"金课"全方位育人体系的基本结构

1. 育人目标的全方位

全方位的思政育人目标是构建全方位育人体系的最终目的和方向归宿。高校思想政治教育工作是我国教育体系的重要组成部分，作为影响人、改造人的社会实践活动，理应遵循新时代教育方针，牢牢把握"四个服务"的原则，始终坚持立德树人的教育任务、以人为本，以大学生的现实需要为出发点和落脚点，不仅要在学生的头脑中、思想上武装科学的理论知识体系、正确坚定的政治信念，更重要的是要以灵魂塑造引领学生的全方位发展，培育德、智、体、美、劳全面发展的社会主义接班人和建设者。

2. 育人主体的全方位

全方位的思政育人主体是开展全方位育人体系的人力基础和基本保障。学生在对思想政治教育信息的接收过程中，受各种社会关系的制约，一切人的行为习惯、思想观念都可能成为影响思政教育工作成效的因素。思想政治教育工作不是单单依靠专职教师、党务工作者就可以实现的，高校所有的教职工（包括教师、管理人员、服务人员、辅导员等）都承担着育人育才的重要使命。环境是由人来改变的，而教育者本人一定是受教育的。教育者的专业程度、师德水平、政治站位和道德修养都对大学生起着很强的表率示范作用，是全方位育人体系中的关键；此外，大学生不仅是思想政治教育的作用对象，也是思想政治教育工作的直接参与者，是全方位育人体系中的核心主体。一方面，思想政治教育工作要从学生入手，围绕学生实际；另一方面，同辈群体影响的力量不容忽视。因此，要改变以往单向度的教育模式，调动学生自身的内在积极性、创造性，实现自我管理、自我教育，引导学生在交互中自觉、主动地强化自身的学习意识和能力。

3. 育人过程的全方位

全方位的思政育人过程是体现高校思政"金课"全方位育人体系规律性、持续性和针对性的必要条件。任何事物的发展都是量变和质变的统一，不管是教育本身还是学习发展均具有过程性，是在不断地与外界进行信息交换和互动中实现的，这就要求思想政治教育不仅要贯穿高校教育教学的全过程，还要贴近学生成长成才的全过程。一方面，全过程育人体现在高校思想政治教育工作要贯穿学生入学到毕业的各个阶段，针对本科、研究生的不同年级和学习接受能力的差异，制定既符合思想政治教育的内在逻辑，也符合人的发展规律，有侧重点的、能解决学生的现实需求和期待的阶段性目标和内容。另一方面，体现在高校思想政治教育工作要实现与中小学阶段、社会发展需要的有效对接，减少不必要的重复性教育输出，体现教育工作的渐进性，提高效率，形成长效的育人机制。

4. 育人空间的全方位

全方位的思政育人空间是突出高校思政"金课"全方位育人体系"处处在育人"的客观环境、载体、方式的必要前提，思想观念在存在方式和状态上具有非线性的特点，开展思想政治教育工作，要从其学科本质特点出发，打通课内和课外、现实与虚拟、校内和校外的脉络，显性实物和隐性文化的不同空间方位，融合理论教育和实践引导、线上和线下的多种载体方位，创新心理育人、管理育人、资助育人、组织育人等多重路径，统筹各个环节、各个机构的育人资源，确保各项影响因素发挥其积极正向作用，营造无处不在的思想政治生活氛围和气息，形成由上而下、由内而外的立体化育人空间。

四、高校思政"金课"育人体系的建设路径

统一管理机制，找准立德树人总目标与多元主体意志诉求的利益结合点，在规划和分工中实现体系价值整合，凝聚主体力量；完善保障机制，加强制度、理论、教师队伍和协同育人模式的建设，实现资源整合，为挖掘"十大育人"资源功能，形成育人合力奠定基础；优化反馈机制，从动机激励、过程监督和结果评价三方面入手实现行动整合，在运行中推动育人体系可持续健康发展，真正使高校思政工作形成一个体系。

（一）统一高校思政"金课"育人体系的管理机制

1. 党委统一领导保证正确育人方向

深化校院两级管理机制，以党建推进学校育人能力和治理水平的现代化发展。坚持党委的领导作用，不仅可以为思政育人工作的整体开展把握正确的方向和发展路线，而且在党委的统筹下，可以确保各个组织部门、教学环节中的各项责任能够落实到位。因此，在高校思政"金课"育人体系的管理机制构建中，首先，要突出高校思政育人工作中的党委领导地位，加强顶层设计工作，制订思政育人实施规划。党委在宏观统筹下全面布局高校工作内容与安排时，要把思想政治教育工作放在突出位置，始终围绕立德树人这一中心来规划、设计、部署、落实。其次，要培养党委成员的育人责任意识，实施"一岗双责"机制：一方面，党委领导干部要履行原本岗位的职属职责，发挥榜样先锋力量，起到标杆引领、模范带头作用。另一方面，要履行思政领导职责，贯彻执行上级党组织在思政育人工作中的决策方针与安排部署。再次，确立主要思政工作负责人。校党委书记是高校思政工作的第一责任人，要将思政工作正式纳入议程，落实落细，与其他工作同谋、同践、同进。最后，创建"校院两级"联动工作机制，以马克思主义学院作为重点学院进行建设，带头引导其他院系积极响应校党委的号召，根据自身学生的素质特点、基础经费制订具体教育方案，对"两学一做""三会一课"等学习活动做出具体要求。

2. 党政齐抓共管形成职能机制

高校思想政治教育工作繁杂，涉及层面、机构广泛，其目标任务的实现，必

须动员高校各个职能部门的力量，让高校所有组织参与其中，不仅负责好自己的"责任田"，也要协调配合其他组织的工作。在高校思政"金课"育人体系中打造党政"齐抓共管"一体化育人格局，首先，要明确行政组织的育人职责。遵循民主集中制的原则，经过高校党委联席会议的协商、讨论及决议后，确定重大事项的安排与部署，建立全面的、多层次的领导分工工作机制，为提高党政工作事务决策效率和准确性奠定基础，降低运行成本。其次，构建"倒T"型互动机制，凝聚主体共识。不同部门、主体所承担的实际工作要求不同、任务不同，要畅通党委和各行政组织的沟通路径，在具体的、阶段性的目标制定和规划中，找准立德树人总任务与不同主体诉求间的利益结合点，引导主体在实现自我价值的过程中自觉承担育人职责，凝聚共识。最后，发挥基层党组织的战斗堡垒作用。一方面，加强教职工与教职工党支部、教职工与学生党支部之间的交流与互动；另一方面，带领党组织的成员深入校园基层学生工作之中，或发展基层工作中有潜力的青年教师、学生，壮大党员队伍，推动党员影响力渗透下沉，带动激发各基层部门的育人活力。

（二）完善高校思政"金课"育人体系的保障机制

1. 规范工作规划，严格育人制度建设

对于加强和改进大学生思想政治教育工作而言，制度建设是根本。完善的制度体系能够为高校思政育人工作的开展提供执行依据和基础参考、规范秩序，是思政育人体系得以有序运行的基础支持，是控制和约束体系规则、模式、发展趋势和走向的有力手段。将育人工作上升为制度，不是要禁锢育人主体的思想和行为，而是为了更好地保障主体的根本权益，为其主观能动性的发挥保驾护航。严格高校思政育人制度建设有利于推动知识体系、主体关系、资源分配的规范化和透明化，有利于激发育人主体的育人热情和保护育人主体的劳动成果。在高校思政"金课"育人体系中严格制度建设，首先，要求高校要正确解读并理解党中央、国务院及教育部所下发的相关政策文件，并结合历史经验和传统，来贯彻构建具有权威性和合理性的思政育人工作制度体系。其次，坚持分层原则，结合学校各部门、各院系的具体教学情况和教学需求，坚持自律与他律、外部约束和内部约束兼修，对各个教学部门、组织管理机构的工作责任、职权范围、工作目标

与任务等方面的情况进行说明与规定，在目标性与操作性的融合中为思想政治教育工作的开展提供确切依据。再次，坚持分众原则。根据不同育人主体育人的需要和不同育人资源的特点找准育人着力点，参考实践案例建立配套等级标准。最后，优化思想政治教育专项资金管理办法。以优化结构为主线完善高校思政工作专项资金管理，突出抓重点、补短板的原则，在深化绩效审核的基础上，简化申报程序，加大投入，着力破解发展不平衡的问题，实现高校教育治理能力现代化。

2. 坚持改革创新，加强育人理论研究

科学的理论是实践经验的理性总结和升华，蕴含学科逻辑和思维，是实际践行的指南针，对实践具有巨大的指导作用。但作为理论来源的历史实践总是处在不断的变化与发展之中，理论的科学性、严谨性建立在对实践变化的正确认识和不断创新更迭中。思想政治教育工作的创新理论研究成果能够为高校思政"金课"育人体系中各项工作部署、计划与安排提供源源不断的智慧源泉和前进动力，因此，高校思政"金课"育人体系的创建工作应当要以扎实的理论知识作为依托，不断提升思政育人理论的研究水平，推动育人理论的更新发展。首先，要引导高校师生主动地投入对思政育人理论研究成果的学习之中，包括以往的研究成果及最新的研究动态，坚持以马克思主义的基本原理和方法论为指导，并将马克思主义中国化的最新理论成果融入其中，推动新时代中国特色社会主义思想进教材、进课堂、进头脑等，紧跟理论时代发展的步伐，坚持中国特色社会主义实践需要和高校思想政治教育工作主题的内在一致性。以理论知识武装主体，全面提升知识储备，克服经验本位的工作惯性，为思政育人教学工作的开展做好充足的准备。其次，高校要创建思政工作创新及理论研究中心。坚持改革创新的力度，并提升对育人理论研究的整体水平，将研究中心作为教师思政育人理论的交流中心，打造思政集体备课平台，围绕党的建设、思政教育、意识形态工作等相关的理论知识，以及实践的运行情况展开全面的研究和探索，在指导教师将所学所接触的理论知识投入实践中加以应用，在实践中检查验证普遍理论适用性的同时，将所得的个别经验重新整理形成普遍理论，在科学理论知识与实践教学经验两者之间建立紧密的联系，不断开创思想政治教育工作的新局面、新态势。

3. 建强师德师风，优化教师队伍配置

教育是改变社会条件和实现人类自由而全面发展的重要手段。马克思认为，教师在阶级属性上隶属于从事脑力劳动的无产阶级，是教育活动的承担者，对于促进社会发展和实现人才培养具有重要意义。教师的一言一行都将会成为学生学习模仿的榜样。教师自身的思想道德修养与思想政治教育工作水平的高低直接关系到高校整体的思政育人工作成果的优劣。一支师德高尚、业务精湛、充满活力的高素质专业化队伍对我国教育事业发展有着及其重要的影响。在思政育人体系中建立一支强有力的思政育人教师队伍，首要工作便是提升教师的道德自觉，道德自觉性的高低直接影响教师在工作中主观能动性发挥的程度。

第一，高校要加强对全体教师思想层面的宣传教育。关注教师的思想动态变化，督促教师认真履行职责，根据学校相关教学制度，贯彻落实党的政策与方针，提升教师在思政育人工作中的积极性和规范性。第二，教师要加强自身的道德修养。教师要严于律己，保持健康的思想状态以及正确的行为方式，为学生树立榜样，对学生进行行为实践的教学。第三，提升教师的专业水平与专业能力。学校要对思想政治教育的专门人才进行大力的培养和选拔，建设一支专业化、职业化的思政教师队伍。高校可以鼓励各专业教师攻读马克思主义理论专业硕士、博士学位，定期组织优秀教师代表外出进修、培训，鼓励教师自觉和主动学习先进地区的最新知识体系、实践经验等。组织教师参加以思政育人为主题的座谈会，互相交流、分享实践教学活动中的成果，互相学习，共同进步。邀请思政育人领域内的专家在学校开办讲座，引导教师掌握最新的学科研究动态；评选"优秀示范课""思政精品课"，并在线开放、共享等。第四，抓住关键少数优化教师配置。在教师与学生的比例上，严格遵循专职思政工作人员和党务人员应不低于百分之一、专职辅导员岗位按不低于二百分之一、心理咨询教师不低于五千分之一的方案优化高校教师配置，满足思政工作开展要求。

4. 打造协同育人机制，形成育人合力

大学生的思想道德品质形成不是一蹴而就的，而是在长期的基础教育与家庭生活、社会环境的不断影响中逐渐形成的，其具有渐进性和稳定性。高校思政育人工作是与基础教育开展和社会发展需求具有紧密联系的中间环节，不是单独作

为一个断层个体存在的，要把高校思想政治教育工作放在学生成长的时间性持续序列中，一刻不能松懈。因此，在构建高校思政"金课"育人体系的过程中不仅要注重校内资源的运用，也要在内容选择、方式使用中实现与中小学学段的有效衔接，与家庭、社会的有机联动，形成相辅相成的协同育人机制。

首先，实现与中小学思政教育的有效衔接。第一，要建立健全大中小学思想政治教育联席会议制度，避免教育内容的机械重复。在立德树人的大框架下，根据学生的成长规律、学习接受知识能力的规律和教育规律对思想政治教育的主要目的、手段、内容进行规划统整，以中小学思政大纲为基础，消除与中小学思政教育工作的断层，从基本常识到人际关系再到发展素质渐进拓展。第二，从入学到毕业的过程也要体现思想政治教育工作的层次性，将入学教育、专业技能培养、职业素养提升一线贯之，既要培养合格的大学生，也要以社会需求为标的，培养能为社会做贡献的建设者。

其次，形成学校、家庭、社会环环紧扣的育人局面。除学校之外，家庭与社会在学生的成长生活中也都占据着重要地位，在思政育人工作中都承担着不可推卸的责任。高校不仅要主动与学生家长进行联系，创建家校联动的工作机制，通过即时通信 App 等渠道与家长建立沟通，使家长充分认识家庭教育环境的重要性，规范自身的一言一行，从而积极配合学校的各类思政育人工作与活动。而且还要与当地的社会组织建立联系，进行不同方式的合作联动，各地党委、政府牵头，深化校地合作，促进学校与社会组织团体、企业之间的互动，依托社会大资源库，加强思政教育与现实生活的联系，营造社会育人氛围。

（三）优化高校思政"金课"育人体系的反馈机制

1. 改进高校思政"金课"育人体系的激励办法

激励机制是指以人的需要为出发点，运用一定方式提升主体在追求既定目标时的主观意愿程度，从而激发自身的能动性、主动性和创造性，并生成与之对应的积极行为方式，是促使主体发挥潜能、提高工作效率的重要手段。根据高校思政"金课"育人体系中所包含的主体多元，主体诉求多样，设计高效、生动、稳固的激励办法，一方面、可以提升教职工的育人热情和自觉性，重视思想政治教育工作的创新发展；另一方面，可以提升大学生自我教育和自主学习的积极性，加强对思想政治教育内容的内化吸收，大幅度增强思政育人体系的内生动力。在高校思政"金课"育人体系中改进激励办法，首先，要注重对育人主体多重需要的激励。思想政治教育工作不是功利性的社会活动，不以经济效益和物质利益的获取为最终目的，因此，在激励过程中，也不应单纯地以物质激励为主线，还要从主体的精神需求入手，在人格和思想上引导主体在实现自身价值和能力突破的过程中产生自豪感、成就感和满足感。其次，创新激励的方式与方法。社会环境和人的思想观念都处在不断的发展变化之中，激励办法的选择要与之相适应，在适应中寻求超越，在继承传统榜样示范、物质奖惩的同时，要发展和创新实践锻炼、情感体验等激励因素，充分结合网络新媒体生动形象地表现激励内容，提升激励水平。

2. 加强对高校思政教育教学质量的检查监督

思政育人工作在实践中的落实与执行不能仅仅依靠育人主体的自觉性，更为重要的是要对工作的实施过程进行实时审视与监督。通过适当的监督，不仅能够加强对高校思想政治教育工作实际进展的掌握程度，同时也有助于推进思政育人教学工作实践质量与整体水平的全面提升。在高校思政"金课"育人体系的构建中，加强对高校思政教育教学质量的监督，首先，要强化高校思政育人工作的监管责任体系。主要是要明确从中央到地方、从高校到院系，再到组织部门的每一个环节中，各个主体部门所承担的责任，只有将责任进行清晰的划分，才能够明确监管工作的主要任务，才能确保在未履行责任的情况发生之后能够及时向监管主体予以检举和提醒。其次，要整合校内、校外两方的监督资源，推进监督机制常态化。其中校内监督指的是在高校要创建完善的自我监督体系，设置专门的思政育人监督部门，制定完备的思政育人工作质量检查与监督工作制度，学年初向各个部门下发学校所制定的年度思政育人工作制度，在学年后则要对完成情况进行检查与纠正，并且在学年中组织不定期的抽查，以引起学校全体教职工对思政育人工作的充分重视。校外监督主要是由高校所在地的纪委对教学外部进行监督，增加学校履行思政育人职责的主动性与积极性。

3. 建立对高校思政育人效果的科学评价体系

科学的评价机制能够通过对执行过程和执行结果的评估、总结，给予系统以正向反馈，从而得出改进策略、方法以促进系统升级完善，推动系统的健康可持续运行。中国人民大学在本科人才培养过程中，设计制定了以学生成长阶段为主线的学生课外综合管理评价系统。在高校思政"金课"育人体系的创建工作中，建立科学的评价体系，是客观看待思想政治教育工作目标的实现程度，具体评判育人体系的实施效果的必要条件。通过评价结果的展现、反馈，从中了解体系自身现存的不足并加以改进，是实现建构长效育人体系的必由之路。具体从受体对象的角度划分，高校思政"金课"育人体系的评价体系可分为对学生学习效果的评价和对教师教学效果的评价。

首先，针对学生学习效果的评价。思想政治教育具有阶级性、政治性，其最为根本的问题和关键是如何把思想政治教育工作的内容由外在规定转变为学生的内在需求。打破以往以定量考试成绩为定性标准的错误导向，第一，要创新评价方法，将静态考试成绩与学生成长的阶段性动态变化相结合，将重点放在非认知领域，以课程成绩为核心，以调查研讨、专题作业、时间观察等多种方式为辅助，对学生进行全面评价。第二，要拓展评价内容，将生硬的理论知识与开放性的实践应用相结合，以启发联想代替死记硬背、生搬硬套，实现学生学习由认知向认同、由他律向自律的转化。

其次，针对教师教学效果的评价。第一，在院系评价工作中，务必要制定量化的具体指标，尽可能地消除评价时的主观色彩，提高客观性，将教师在课程、科研、实践、文化、网络、心理、管理、服务、资助、组织等方面工作完成与落实情况纳入评价指标之中，对育人体系的落实情况进行检验；第二，动员学生的主体性力量。高校要将每一个班级作为一个单位，以学生为评价主体，以教师工作为对象来进行评价。同时，为了确保学生对教师评价结果的公正、公平，学校可以采用匿名投票、网络投票相结合的方式来组织评价活动，并且将两种评价的结果进行横向对比，更加客观地获取最终的评价结果。

第五章 高校思政育人教学模式与方法创新

第一节 高校思政育人教学模式的构建

一、对我国传统思想政治教育方法的"古为今用"

我国古代思想政治教育方法作为我国思想政治教育的重要源头，有不少优秀方法在我国思想政治教育方法的构成、性质、功能和作用上都占据着重要地位，发挥着重要作用。现阶段，教育者在学习利用这些方法时，尤其要注意分辨优劣，有批判、有筛选地汲取；在承传时务必考虑其局限性，克服其不足，发扬其具有生命力之处。

古代中国思想理论家也总结了不少有益的教育方法，如启发式、对话式、说服式等，其中尤以自我教育法具有当代价值。

自我教育法，是相对他教来说的，通常所谈及的"教育"二字，在形式上一般指他教；但在广义上讲，教育既应包括他教，也应包括自教，是他教与自教的共同影响、合力作用的结果。顾名思义，所谓自我教育法，就是指受教育者主动依据一定社会和阶级所培养的思想品德素质、科学文化素质以及身心健康素质等目标要求，自觉地结合本身实际情况去制订学习计划、选择学习方式、实施学习方案、完成学习任务、达到学习目的、评判学习结果、检查学习过程、总结学习经验和教训。如此通过自我学习、自我修养、自我反省、自我总结、自我批评、自我改造等方式，将"别人让我学习"转化成"我自己要去学习"，把学习的主动性、积极性、创造性充分调动起来，不断开动脑筋、思考问题，在经过内心思想矛盾的冲突、斗争过程后，澄清对错是非观念，纠正谬误，坚持科学真理。由此可见，自我教育法既是一种重要的教育方式，又是一种最佳的教育途径。

自我教育法的特征主要有：

第一，从教育对象来看，无所谓教育者与受教育者之分，一个人既是教育的主体又是教育的客体，因此，自我教育中的教育对象没有来自外面的压力，不会产生被动学习的心理，增强了自主性，即自觉、主动选择学习内容、安排学习步骤、组织学习过程等。

第二，从教育过程来看，以"自我"为中心，凸显"自我"能动作用。学习什么？是自我选择、自我构建。为何学习？是自我驱动、自我激励。怎样学习？是自我认知、自我体会、自我监督、自我控制。学习结果如何？是自我评估、自我总结、自我取舍、自我协调、自我强化、自我提高、自我完善。由此可见，从学习动机的激发到学习任务的确定，再到学习过程的具体实现，再到学习成败的肯定或否定以及提出整改策略并进入新一轮的学习，无不是"自我"角色的转换、"自我"参与的结果。唯有这样，才能够较好地发挥自我的主观能动性，调动起自我的学习主动性、积极性和创造性，让学习者认识到学习不是他人的"公事"，而是自己的"私事"。

第三，"以人为本"思想在自我教育中得到充分体现。思想政治教育工作者必须认真考虑教育对象的文化知识基础、理论修养和思想观念的实际状况，具体问题具体分析。在自我教育中，因教学内容、教学方略都由教育对象根据现实水准选择、确定，这就充分体现了人本主义尊重人、理解人、依靠人、相信人的理念，依据人的现实性，提升人的主体性，从而实现人的价值性。

自我教育法运用于当代思想政治教育中的价值：

1. 坚持以人为本，提升人在教育中的主体性

以人为本思想认为，人类社会历史是由人创造的，排除人而孤立地就事论事、见事不见人，就物议物、见物不见人是错误的。人在创造人类社会历史过程中的巨大作用奠定了人的重要社会地位。为此，教育者从事经济、政治、教育、文化、艺术等一系列工作的出发点和落脚点都应集中在人身上，进行改革开放和社会主义现代化事业甚至为实现崇高的共产主义理想而努力都是为了人的美好幸福生活。离开人，这些工作、事业和信念都将失去应有的价值和自然存在的意义。因此，认清和牢牢把握人的主体地位十分重要。开展思想政治工作也是如此。我国思想政治教育的最终目的就是通过有效的教育影响和作用，让教育对象认真领会党的路线、方针、政策，明确自己是建设家园、推动经济发展和社会进

步的重要组成部分，树立主人翁意识，为人类文明的精进不断贡献智慧和才华。

自我教育法的最大特征突显了人的主体性，即人的自觉性、主动性、积极性和创造性，这正是思想政治教育希望达到的目标。因为从事任何工作，其成功或失败，除了客观物质条件外，主要是看参与这项工作的劳动者的工作态度和工作能力。尽管能力因素至关重要，但并不起决定作用；态度则不然，以热火朝天的工作热情、执着的工作志向追求、积极的应对策略能够改善不利条件、创造有利条件，最终在大家的齐心协力下可以保质保量完成任务。相反，工作消极、怠慢，要么只能勉强草草完事，要么拖拖拉拉始终没有进展甚至半途而废，既浪费大量的物力、人力、财力，又错失良机而令人遗憾终生。

2. 充分体现民主性，培养民主精神

民主性，是从自我中体现出来的；民主精神，是在自我中培养起来的。在自我教育法中，教育者与受教育者都是同一个人，永远不存在教育上的教育者与受教育者的事实上的不平等现象。因而，建立在平等基础上的教育，能够排除教育对象不必要的心理上的沉重负担，使他在脱去包袱后以一种愉快的心情、加倍的热情、高度的激情投身于学习中，达到"学而时习之，不亦说乎"的境地。

3. 加强针对性、实效性

在新形势、新环境下，新情况、新问题层出不穷。为针对新情况、解决新问题，促进我国社会主义市场经济健康、快速、有序地发展，高校要使思想政治教育真正体现出对经济社会的物质文明、政治文明、精神文明和社会文明的导向作用，焕发出智力支持和精神支柱的无穷魅力，释放出应有的优势。新时期的思想政治教育，特别要在增强时代感，加强针对性、实效性、主动性上下功夫。

在社会转型时期，利益主体呈现出多样化的趋势，这就为把握多样化教育对象的特征增添了工作难度。此时，采用自我教育法，为教育对象创造良好的学习氛围，在确保引导机制的条件下，让他们自主决策、分析、判断、确定教育的具体内容、难易程度、有效途径、形式、手段等，就是遵循了针对性这一原则。因为受教育者自己最清楚自身的情况，诸如理论知识水平、思想观念状况、困惑或疑难问题等；有了好的针对性，即使开不出包治百病的灵丹妙药，至少也是"对症下药"，其实效性虽不会"立竿见影"，也定然能够很明显。

二、对西方国家思想政治教育方法的"洋为中用"

（一）借鉴西方的渗透法

1. 采用途径和手段的多样性

正确的途径和手段是实现教育目标、达到教育效果的重要因素。随着科学的发展和社会的进步，人们的生活更加丰富多彩，人们的兴趣也正向更大的空间拓展。单一与刻板的教育方式很难激发人们的兴趣，用新的途径和手段来贯彻德育目标已成为时代的要求。西方一些国家在进行思想政治教育时特别注意采用多样化的途径和手段。

2. 涉及范围的广泛性

一些西方国家运用渗透式教育法进行思想政治教育所涉猎的范围和领域极其普遍和宽阔，它包括政治、经济、文化、教育等方方面面。可以说，凡是思想政治涉及的空间它都侵蚀着、渗透着。

3. 作用和影响的深远性

由于渗透式教育法具有隐蔽性，它与显性的灌输法相互对立：一方面难以被人们所关注而遭到忽视，另一方面能够缓和教育者与受教育者在教育实施过程中出现的一些矛盾冲突，因而更容易被受教育者所接纳，其产生的作用和影响也深刻得多、持久得多。

（二）借鉴西方的心理咨询法

借助心理科学知识，运用精神分析方法对存在心理障碍的学生进行意识层面的引导，具有消除心理困惑、缓解心理矛盾、调整心理失衡的良好的教育、指导作用，因而心理咨询自诞生以来就备受关注和青睐，它已被广泛地应用，并向别的领域延伸、拓展。鉴于此，对心理咨询进行探讨，并思考其在思想政治教育中的当代价值，不仅是社会发展和人类进步的需要，而且是科学精神的召唤。

1. 心理咨询的功能、工作原理及其特征

实践证明，为了使一个遭受过重心理负荷摧残的人恢复健康，对其进行心理

上的测定、分析，通过解决其意识层面上的问题，来调整心理失衡，成效远远超过单纯的药物治疗。心理咨询的功能，主要体现在缓解个体的心理矛盾冲突，实现人的自身和谐、同一性上。

面对纷繁复杂的大千世界，人们的大脑将做出何种思考呢？这就是我们所谓的人类意识的特别功用。物质决定意识，意识反映物质，同时具有相对独立的能动作用，而能动作用的发挥又受制于人脑的机能。因此，意识乃是社会实践中的人们凭借语言功能在不断进行社会交往的过程中产生的对客观现实的一种认识或反映。显然，"意识是心理的高级形式"，但是并不能由此断定所有拥有正常头脑的人的心理都是健康的。由于人是社会关系的存在物，"在其现实性上，它是一切社会关系的总和"，因而，关于人的本质是"他自己的本质"的论断曾遭到攻击。基于此，个体只有被社会群体所认同和接纳，才有其存在的价值和生活的意义。

2. 心理咨询在思想政治教育中运用的当代价值

第一，坚持以人为本的思想理念，确保思想政治教育的平等性、民主性和创造性。以人为本的思想理念强调人在认识世界和改造世界的社会实践中的突出地位和作用。思想政治教育的核心是关于人的工作，因而当教育者开展思想政治工作时，"坚持以人为本"，就是要求我们将工作出发点和归宿点放在人上，围绕人去考虑一切问题、解决一切问题。

"以人为本"思想，要求我们尊重他人、理解他人、同情他人、接纳他人、信任他人、关心他人、帮助他人、服务他人。当进行心理咨询时，咨询者与咨询对象建立一种平等的关系成为首要的条件和必要的前提。也就是说，心理咨询的过程，既是心理咨询师协助来访者解除心理障碍的过程，又是咨询者与咨询对象进行心灵对话以缓解心理压力的良性互动过程。只有这样，在借鉴心理咨询法进行思想政治教育时，才能避免教育者与受教育者之间的不平等现象。

第二，遵循人的心理运行机制，顺应人类进化的发展阶段，深化对思想政治教育方法的规律性认识。随着一个人的成长壮大，其发育渐趋完成，生理运行机制也走向成熟，并逐渐发挥着相应的独立作用。机制原指机械的装配、运行原理，此处借用它指生理、心理的一种工作方式。人的心理运行机制，即指人的一种心理活动方式，它是通过人的心理过程，如知、情、意等反映出来的。其中的

"知"指认识，包括感觉、知觉、注意、记忆、想象、思维等方面。当客观事物直接作用于人的感觉器官时，人脑中首先呈现出该事物的个别属性，然后是集体形象，接着是心理对一定对象的指向、集中、反映，最后是心理的创造与借助语言的概括、间接反映。"情"则指情绪和情感，是人关于客观事物是否符合自己的需要的一种态度体验。"意"指意志，即通过有意识地支配、调节其行动而实现预先确定的活动目的和方向。一般来说，人的心理活动过程遵循着从知到情再到意的活动规律，也即遵循着先体验后理性的认识法则。心理咨询强调咨询对象应充分发挥自己的主观能动性，去挖掘造成心理失衡的原因、根源，也即寻求导致心理障碍的初始原因，因而心理咨询应严格遵循人的心理机制运行规律。

三、推动思想政治工作理念的创新

理念是战略决策的哲学基础，是一切行动的理论先导。为了适应时代发展和社会实践发展要求，必须树立创新意识，只有树立创新意识，才能不断从新的角度去思考思想政治教育新问题，不断开辟新的思维空间，获得创造性思维，从而正确把握思想政治教育与社会发展的内在联系和人的客观发展规律，敏锐观察和准确判断社会发展的新趋势、新观念以及对思想政治教育提出的新要求、新挑战，快捷地捕捉和掌握思想政治教育改革与发展的新信息，指导思想政治教育实践，增强思想政治教育的针对性、时效性、主动性。

（一）以人为本的理念

"以人为本"作为科学发展观的重要组成部分，它既是目的，又是过程。是目的，指社会发展最终是为了人的全面发展；是过程，指在社会发展过程中要始终以人的全面发展为指针。任何一项制度的发展、任何一项工作的推进都要看能否满足人的全面发展的需要，能否代表、维护和实现最广大人民的根本利益。

首先，以人为本的德育理念就是要以促进人的全面发展为根本目的，解决"培养什么人"的问题；其次，以人为本的理念要求德育工作始终从民众全面发展、健康成才的需要出发，更好地实现民众的根本利益，解决"如何培养人"的问题。落实以人为本的德育理念，围绕"培养什么人，如何培养人"的问题，要把握四个思考维度。在教育目标上强调以"人"为中心，突出人的全面发展，把人的发展作为教育的出发点和归宿，作为实施教育的基础和根本。这里所指的"人"的发展，不仅包括广大青少年学生，还应当包括一线的专业教师和广大的德育工作者。因为德育并不是一个单向度的教育系统，它不仅对受教育的学生发生作用，而且会对身处其中的专业教师和德育工作者产生引导和推动作用，所谓"教学相长"，也应当适用于德育领域。

在教育对象上要强调和突出人的主体地位，尊重人格，尊重基本权利，尊重个体价值和社会价值，把德育与人的幸福、自由、尊严、终极价值紧密联系起来，贴近民众，了解民众，尊重民众，最大限度地激发和调动学生的积极性、主动性和创造性。要引导人们进行自我教育，培养他们热爱生命、热爱生活、热爱自然的情感，引导他们树立时代精神，追求高尚情操，养成良好品质，这也是德育的生命力所在。没有人们主动参与的德育很难说是"真"的、有效的德育。当然，以民众为主体，并不意味着教育工作者就丧失了主体地位，不需要教育者自身的积极性、主动性和创造性，恰恰相反，只有改变人们被动受"灌输"的地位，激发人们自主成长、自发进取的主体意识，德育工作才可以说是主动的，也才能更有效地引导和帮助民众。在教育形式上要强调对民众需要的重视，把民众的呼声和要求作为第一信号，把民众满意作为第一追求，把实现民众利益作为第一目标，为民众的发展创造有利的环境与条件，寻找更加广阔的平台和空间，以现代视野培养现代人，以现代精神培养全面发展的人，培养人格健全、素养完备的人。当然，满足民众的需要，实现民众的利益，并不意味着不加分辨地满足人们的任何需要，教育者应当根据国家、社会以及学校的规则要求，把握好引导学生健康成长成才的度。

在教育途径上要强调生活化与适应性。生活教育是最直接的教育，生活化的教育能够产生巨大的教育力量。例如，进一步重视文化育人的作用，通过为人们营造积极的文化氛围，让人们在社会文化的熏陶之下健康成长成才；适应学生自主意识增强的特点，克服不考虑学生接受能力与兴趣、空洞口号式的教育模式，变居高临下式的单向灌输为平等交互的双向沟通，变要求式、命令式为选择式、引导式，在民主、平等、和谐的气氛中对学生进行教育引导，让学生在自主选择、自我发问中找到健康成长成才的答案。

（二）素质教育的理念

素质教育理念的形成和发展，是我国教育对长期教育实践的一种总结与突破。素质教育应当以满足人的全面发展，全面提高民众的基本素质为根本目的的，是以尊重人的主体性、注重开发人的智慧潜能、注重形成人的健全人格和个性为根本特征的教育。社会经济和高科技的迅猛发展、社会竞争的日趋激烈，决定了人们必须具备良好的综合素质，包括适应社会、开拓创新、人际交往的能力，以及宽厚的基础知识、坚实的专业技能、良好的心理素质和身体素质等。这些素质并不是孤立存在的，而是互相制约、相互依存的整体。所以，素质教育必须遵循人的整体素质结构的规律，从人的整体素质结构出发，使素质教育与人的素质结构相适应。因此，在高校德育工作过程中，必须围绕素质教育，做到智育与德育并举，求知与做人同行。国家强调"德智体美劳，德育为先"就是这个道理，它突出强调了德育在素质教育中的基础、灵魂、核心的地位和作用。

这里面包含两层意思：一方面，从静态来看，德育是素质教育的一部分，在素质教育中居于首要地位，两者在内容和目标上具有同一性、一致性和包容性，是个体和整体、被包容和包容的关系。另一方面，从动态看，德育对素质教育具有反作用，是最终为素质教育服务的，两者在过程上具有连续性、递进性和循环往复性，是相辅相成和互为促进的关系。德育作为素质教育的基础和内核，对素质教育具有导向作用和辐射功能，它从人类发展和社会需求出发，通过外部运行机制和内部作用机制的相互渗透和作用，向人才发展的终极目标进行导向和辐射，达到预期的整合效果，从而全面提高人的素质。人的素质的培养不应是单向的，而应是复合的。

在具体工作中，由于理念偏差，一些人在工作中往往出现两个极端，形成智育与德育"两张皮"的局面：一方面受应试教育的影响，在一些地方和学校出现了重智育轻德育的现象，导致学生片面发展，重视学习知识、掌握知识而忽视正确世界观、人生观、价值观的培养，忽视做人和良好道德素质的培养；另一方面，在德育工作中对某个方面的要求多，而对人的全面发展方面的教育和服务相对较少，在工作中习惯于单方面的教育而不是从整体出发，特别是对如何把思想政治要求融入教育教学全过程和学生成长发展全过程的研究还不够。

（三）解决思想问题与解决实际问题相结合的理念

在德育工作中，有两个十分重要的概念，一个是解决人的思想问题，引导人们树立正确的世界观、人生观和价值观；另一个是解决人的实际问题，帮助人顺利成长成才。关心人，爱护人，为人办实事，并把实事办好，这是思想政治教育的本质所决定的。从解决人们的实际问题出发，提高人们的思想认识，把解决思想问题同解决实际问题相结合，是提高思想政治教育实效性的重要途径。历史唯物主义告诉我们，社会存在决定社会意识，社会意识是对社会存在的反映。人们的思想问题是从实际问题中引发，并因实际问题的存在而存在的。要想解决人们由于各种因素、动机所引发的思想问题，进而引导他们的行动，就必须关注和解决人们日常学习生活中遇到的实际问题。在当前形势下，如果不从利益动因上去分析人们的思想问题，不去关心和帮助解决人们的实际问题，只以"正确对待"一言概之，就很难达到目的。因此，必须把解决人们的思想问题和解决他们的实际问题紧紧地结合起来，既讲道理，又办实事，这样工作才会见实效。

当前，在日益严峻的人才竞争和就业市场上，在不断出现的新环境、新挑战的适应中，大学生作为社会各阶层中承上启下的过渡型群体，面临着各种压力导致的种种思想问题和实际问题。大学生作为一个特殊的利益群体，他们不仅关注解决实际问题的最终结果，也关注解决实际问题的方式和态度，而且迫切需要掌握解决问题的方法、观点等，并对此表现出强烈的筛选性。

在实际工作中，在解决思想问题与实际问题的关系上，有的德育工作者"结合"文章做得不够，或者过分单纯强调思想教育，就事论事，片面强调人们在思想境界上的"拔高"；或者只限于对实际问题的解决，认为实际问题解决了，思想问题就可以解决。德育工作的实践告诉我们，必须把思想教育和解决群众实际问题有机地结合起来、统一起来，把握好人们提出的实际问题该不该解决、什么时候解决等问题。对思想问题的解决如果不与解决实际问题相结合，工作就难以落到实处、收到实效；如果用解决实际问题取代思想教育，就会使德育工作失去意义。正确的做法应该是，解决思想问题应通过解决实际问题来实现，即借助解决实际问题这一环节升华思想，提高觉悟；在解决实际问题的过程中，要强化思想教育功能，凸显解决思想问题的人文内涵和精神支柱的作用。这样，两者相辅相成，相得益彰，才能极大地提高工作的针对性，收到实际效果。

（四）骨干队伍建设专业化、专家化的理念

德育工作是一门科学，有其自身的研究对象、内容和规律。树立骨干队伍建设专业化、专家化的理念，不仅是保证德育工作科学开展的重要基础，也是加强和改进德育工作的迫切要求。建立一支高水平、专业化的德育工作队伍，要求我们进一步明确队伍建设专业化的理念，从四个方面推进实践。

1. 推进德育工作队伍学习型组织建设

学习型组织是一个不断创新、进步和自我超越的组织，它的最大特点就是全员学习，学用结合，个人与组织共同发展。把德育工作队伍建设成学习型组织，有利于调动这支队伍的积极性、主动性和创造性，增强他们做好工作的信心，提高个人和组织的可持续发展能力。

2. 推进德育工作学科建设

在加强德育工作的专业化建设中，我们应当进一步丰富德育的学科内容，建立起一个比较完整和科学的学科体系，通过学科建设培养一大批专业化的德育工作人才。

3. 推进分层次、分梯队培养工作

一方面，可以通过研究和制订队伍建设规划，通过学习培训、实践锻炼和交流考察等形式，不断提高德育工作者整体的工作能力和水平；另一方面，应当有计划地形成德育工作队伍梯队，培养不同时期、不同领域、不同特色的教育管理专家，特别是在专业硕士、专业博士培养方面要体现学生工作的基本特点。

4. 建立和完善德育工作队伍的激励保障机制

首先是制定德育工作干部的从业标准，对他们进行素质认证。其次是提供政策和条件保证，鼓励和支持他们安心本职工作，制定德育工作干部职称、职务发展序列，使他们当中的专家化人才能够积淀下来，最终形成一支相对稳定的专业化队伍。同时，要开辟这支队伍向外发展的道路，使德育工作干部能进能出，在合理流动中保持队伍的相对稳定和骨干力量的稳定，同时成为各级党政领导干部的重要后备力量和人才资源库。

四、坚持解放思想、实事求是的思想路线

在我国革命和建设的历史征程中，党坚持实事求是，把马列主义的基本原理同中国的具体实际相结合，走适合中国国情的道路，实现了多次历史性飞跃，取得了新民主主义革命与社会主义革命和建设的伟大胜利。这一切都是与坚持解放思想、实事求是的思想路线分不开的。实践证明，只有坚持解放思想、实事求是，才能使理论与实践相统一、主观与客观相符合，才能在实践中创新，在创新中提高。

但是，长期以来，人们却养成了这样一个习惯，那就是上级发什么文件，下面就组织党员和群众学什么文件；上级布置进行什么教育内容，下面就进行什么内容的教育。这样做当然是必要的，但如果仅仅这样做是远远不够的。因为上级的文件和要求是根据整体情况确定的，具体到每一条战线、每一个行业、每一个单位、每一个人，都有自己的特殊情况和特殊问题。这些特殊的情况和问题，只有用特殊的教育内容和特殊的教育方式才能予以解决。即使上级提出了许多内容，人们在每段时间内对这些内容也还有一个选择的问题。党和国家乃至各级领导并不是要求仅仅完成上面布置的教育，而是要求除了要做好这些教育外，还要根据自己单位、自己教育对象的情况、特点，安排更多有针对性的内容，采用更多为群众所欢迎的方式方法。只有这样，思想政治工作才可望取得较好的成绩。要达到上述要求，思想政治教育者就必须在教育过程中坚持实事求是的原则。

实事求是是每一位思想政治工作者都应该努力争取做到的，思想工作说到底也只有两个方面：一是正面教育，二是批评帮助。前者好似给人增加营养，后者则好似给人治病去疾。正面教育要坚持缺什么补什么的原则，批评帮助则要坚持有的放矢、对症下药的原则。要坚持这两个原则，思想工作者就要对对象的思想及其他方面的情况有一个十分清楚、全面的了解。

从上述要求可以看出，要做到实事求是，首先，需要的是对国家、对人民高度负责的精神。只有有了这种精神，人们才敢于去坚持真理，不唯上、不唯书，只唯实；只有有了这种精神，人们才能做到勇于吃苦，埋头苦干，坚持不懈地做好调查研究工作；只有有了这种精神，才能把自己的精力集中到自己所做的工作上，刻苦研究，不断地开拓创新。其次，需要有较高的理论水平和较强的思维能

力。要从经验材料中揭示出本质和规律，就要有抽象、概括等逻辑的或辩证的思维能力；要选择有针对性的教育内容，就需要知道什么文献中有这样的内容；要讲出全面、深刻的道理，自己的手中就要有真理。如果我们具备了这些条件，思想政治工作中就很少有什么问题能够难得住我们了。

五、创新必须在加强针对性、实效性、主动性上下功夫

思想政治工作的创新，要牢牢抓住"三性"，贯彻理论联系实际的原则，发扬密切联系群众的作风，及时关注和努力回答群众的所思所问，认真总结工作中的经验和问题，尤其要找准薄弱环节，有针对性地予以加强和改进。切忌形式主义、教条主义，克服简单化、片面性，讲究方式方法，注重工作效果，不断提高思想政治工作的有效性。思想政治教育必须坚持从实际出发，因地制宜、因人制宜、因事制宜、因时制宜。要努力做到四个结合：

（一）把先进性要求与广泛性要求结合起来

根据不同教育对象的情况、不同时期的实际，讲究教育的层次性，明确区分应当提供的、必须做到的、允许存在的和坚决反对的，既照顾多数，又鼓励先进，引导不同觉悟的人一起向上。对广大群众，要大力倡导国家利益、集体利益、个人利益相结合的集体主义精神，引导人们做到"五爱"，遵守社会公德，遵守党和国家的法律和政策。对于共产党员，特别是党员领导干部则要提出更高的要求，引导他们树立远大理想，发扬奉献精神，身体力行地发扬共产主义精神。

（二）把思想政治教育与改革、发展、稳定结合起来

思想政治工作必须坚持以经济建设为中心，紧密结合经济工作和各项业务工作共同去做，将思想教育渗透到生产经营中去，调动一切积极因素，渗透到现实生活中去，渗透到各项工作中去，把落脚点放到推动改革、促进发展、维护稳定上来，切实克服"两张皮"的现象。要坚持团结稳定鼓劲，正面宣传为主，牢牢把握正确舆论导向，唱响主旋律，打好主动仗，团结一切可以团结的力量，化消极因素为积极因素，把干部群众的积极性引导好、保护好、发挥好。

(三) 把以理服人与以情感人结合起来

既讲道理，又办实事是党思想政治工作的成功经验和优良传统。

做思想政治工作当然要讲道理，帮助群众解开思想症结，提高思想觉悟。但也要看到，当前群众中存在的思想问题，有相当一部分是由于实际问题得不到妥善解决引起的。这些由实际困难而产生的思想问题，不从解决实际问题入手，仅靠空洞的说教是无法解决的。这就要求思想政治工作者必须坚持关心人、理解人、尊重人的原则，把解决思想问题与解决实际问题结合起来，既以理服人，又以情感人，带着深厚的感情做好群众工作，防止和克服"空、冷、横、硬"现象，把好事办实，把实事办好，真正把党和政府的温暖送到群众的心坎上。

(四) 把立言与立行结合起来

要牢固树立群众观点，坚持走群众路线，老老实实向人民群众学习，诚心诚意为人民群众服务。思想政治工作战线上的同志都应是人类灵魂的工程师。要教育群众、引导群众、提高群众，自己首先要有比较高的思想觉悟和精神境界。要求群众做到的，自己首先要做到；要求群众不做的，自己首先不做。广大思想政治工作者特别是各级领导干部，要牢固树立表率意识，坚持身教重于言教，在立言和立行上下功夫，争当群众的表率，努力把真理的力量和人格的力量统一起来。

第二节　高校思政育人教学模式的实施

自主学习模式是新时代高校思政育人教学的重要模式，要在思想政治教学中实施自主学习模式，就要搭建好两个平台，即课上平台和课下平台。课上平台要求任课教师课前通过与辅导员和班干部的座谈充分了解学生，在学期初对学生进行分组，每组成员不多于 10 人，每个组都要确立自己组的称号、标志、组歌，以增强小组内部的凝聚力，以利于学习活动的开展。课下平台要求教师设立自己的博客或把自己的课件、练习、心得传到校内网上，供学生下载。此外，也可为学生开辟一个交流天地，例如，每学期为班级建立一个思想政治理论课学习 QQ 群或者微信群，师生可以在群内讨论时事，也可以和学生互发邮件解决学生的思想问题和困惑，学生之间也可以利用网络平台互相交流。具体来说，自主学习模式包括自主学习、自主应用和自主管理三个环节。

一、自主学习

自主学习环节包括学生的自主读书、自主辩论和自主练习三个方面，目的在于使学生全面掌握教材，熟悉思想政治的相关理论。

（一）自主读书

为了使学生在课堂上有较多的活动时间，教师首先要充分理解教材，熟练掌握教学内容，在授课时贯彻"少而精"的原则，主要讲述重点、难点、热点问题，阐明每一章学生应掌握的基本知识。其次，教师要根据每一章的教学内容编制读书指导，设计具体的指导方案，组织学生利用较多的时间自主读书，提出问题。

（二）自主辩论或讨论

对于学生提出的问题，首先可在小组内部予以解决，如果小组内部解决不了，可以组与组之间进行交流。而对于一些重要的带有普遍性的问题，可以由每个组提出自己的不同观点，由学生进行充分的讨论或者辩论，老师做好引导和总结工作。

（三）自主练习

对于每一章的授课内容，教师都要编好思考题，每个学生自选 5 道练习并自己回答，不允许一个小组内的两名同学选择完全一样的题目，然后由学生相互交流，最后教师统一做辅导。

二、自主应用

自主应用环节主要包括自主竞赛、自主实践以及自主写作三个方面，其目的在于使学生能够自由运用理论知识，锻炼学生分析问题、解决问题的能力。

（一） 自主竞赛

每学期结合纪念日活动及热点、难点问题组织知识竞赛，加深学生对时事问题的掌握和理解。竞赛要以组为单位，在组与组之间进行，从选题、评判到主持等都由学生自己准备，教师只须做好把关和指导工作。

（二） 自主实践

在学习过程中要由学生自主选择实践方式：一是进行课程讲授，在教师的指导下，学生根据授课内容，上网查询资料，自编课件，进行授课；二是进行社会调查，在教师的指导下，学生自主确定调研提纲，确定采访对象，最终形成调研报告并在课堂上进行汇报。

（三） 自主写作

教师根据授课内容列出题目，由学生自主选择自己感兴趣的题目进行深入研究，写出优质论文，提高论文的写作水平和实际运用知识的能力。

三、自主管理

自主管理环节包括自主总结、自主考试和自主测评三个方面，目的在于使学生的自主管理水平和教师的授课水平均获得提高。

（一） 自主总结

每学期初，教师都要给每个小组发放一个本子，由学生自己记录在这一学期中的成长历程和课堂参与情况。学期末，每一个学生都要把自己的学习体会写下来，既包括收获，也包括不足，还要对老师的教学提出一些建议，以便教师了解自己教学的实效性，并有针对性地改进自己教学中的不足。

（二） 自主考试

试题题目，尤其是分析题的题目，要在学生中征集，因为这样的考试题目更贴近于学生的实际生活，更能够锻炼学生的思维能力。考试要采取开卷形式，不要求死记硬背，更加注重能力的培养。

（三）自主测评

自主测评包括两部分：一是对教师的测评，学生要对教师的教学方法、教学内容、教学态度、教学手段、教学效果等进行评价，利用评价系统给教师打分，促使教师不断提升自己的教学水平；二是对学生的测评，对学生的测评由学生自评、小组测评、教师打分三部分组成，以保证成绩的客观性。

自主学习模式对传统的教学方法、考试方法进行了变革，克服了片面注重知识讲授和知识考核的弊端，更加注重问题分析能力和问题解决能力的培养和提高，激发了学生对课程的参与热情，强化了学生对思想政治知识的理解和掌握度，显著增强了教学实效，促进了教师的自我提高，是深入推进思想政治教学改革的重要途径。

四、高校思政课自主学习的重要意义

第一，高校思政课自主学习是顺应新时代信息技术发展的需要。伴随互联网信息技术的迅猛发展，以网络媒体、数字电视媒体和移动通信媒体为代表的新媒体已经渗透到高校教学、管理与服务各个方面，对高校的教育教学方式和大学生日常学习生活产生了重要影响和深刻变革。移动互联网、智能终端的迅速普及使新媒体的"新移民"不断增加，大学生获取信息的渠道和方式越来越多，知识更新的周期大大缩短。只有不断及时获取信息、汲取知识，才能跟上时代节奏。传统的思政课学习模式和灌输式的教学方法显然无法满足学生需求，需要新的教育教学方法和学习观，这就使得自主学习成为时代发展的内在需要。新媒体的出现为高校思政课自主学习提供了多元化的平台，各种慕课、微课、手机 App 等网络学习资源和平台如雨后春笋般不断涌现，形成了一个巨大的思政课教育网络资源库。借助这一网络资源库，学生不再拘泥于传统的学习形式，而能够及时了解社会的最新发展动态，把握时代前沿问题，跟上时代发展步伐。

第二，高校思政课自主学习有助于提高思政课的教学实效性。高校思政课要坚持学校教育与学生自我教育相结合，既要充分发挥学校教育的引导作用，又要发挥学生的积极性、主动性和主体意识，引导学生进行自我教育。思政课是大学生思想政治教育的主渠道，在强调知识教育的同时，更强调思想教育。传统的思政课教学更多的是注重向学生传授知识，教学方法主要是老师对学生进行面授，学生对学习内容研究不透、理解不深，要解决这些问题，必须切实改进教学方法，创新教学手段。将新媒体技术融入思政课自主学习中，积极创设自主学习、亲身参与的机会和环境，激发学生强烈的主体意识和参与意识。学生在参与思政课教学过程中，利用新媒体技术，主动建构知识，品尝获取知识的乐趣。通过自己对教学素材的研究分析，思政课教学从被动接受转变为主动参与、自主接受，进一步加深对教学内容的理解，提高认识、分析和解决问题的能力，从而达到提高教学实效性的目的。

第三，高校思政课自主学习有助于提升大学生的综合素质。思想政治教育的一项重要内容就是加强学生的素质教育，使学生具有较高的政治素质和较强的理论修养，从而帮助学生树立正确的世界观、人生观和价值观。自主学习作为一种素质教育具体化的理论体系，在一定程度上把握住了素质教育的实质和核心。思政课的自主学习，使学生由"被动"接受转为"主动"获得，给学生预留一定的思考空间，可以自由探索，在探究性学习中让学生体验探索真理、寻求答案的过程。对于大学生来说，培养思政课自主学习能力，不仅有助于培养其创新精神和实践能力，提高其认知水平和综合素质，还有利于促进其全面发展，使其养成终身学习的良好习惯。新媒体环境下高校思政课的自主学习，可以使大学生通过多种现代信息技术手段和途径汲取信息，提高其现代信息技术综合素养和知识学习的效率，使其具备终身学习的欲望和能力，这样才能适应社会发展和科技进步的需要。

五、提升高校思政课自主学习的有效路径

首先，应转变教师教学观念。一是及时转变教学思维。教师教学要从"单向灌输"向"引导交互"思维转变。新媒体时代，思政课传统的"老师说，学生听"的单向灌输式教学思维已无法满足学生需要，必须向以学生为中心的引导性、交互性教学观念转变。教师要最大限度地发挥教育引导作用，在以学生为主体的前提下，主动创设自主学习氛围和环境，成为学生自主学习的设计者、监督

者、评价者。为学生探究和小组讨论提供更多机会，激发学生的学习动力，引导学生开展自主学习并形成自己的学习策略，将知识讲授过程转变为引导探究过程，培养学生自主获取知识、思考问题和解决问题的能力。二是普遍提高教学能力。教师要指导学生自主学习，首先要提高自身的素质。教师要牢固掌握教材基础知识，并不断加强学习，扩大知识面，提高教学把控能力，从而能够轻松驾驭课堂教学、自学自讲、学生讨论等教学环节和形式。要紧跟新媒体时代发展脉搏，及时学习掌握新媒体教学技术和软件，运用恰当、新颖的教学方法，让学生参与到具体的教学活动中，自主完成学习任务，并对其学习过程进行监督和评价。通过这种参与式、体验式的学习过程实现思想理论的内化于心、外化于形，不断提升自主学习的质量。

其次，应培养学生自主学习能力。激发学生自主学习兴趣，兴趣是最好的老师，学生学习效率高低首先要看他对所学内容是否感兴趣。学习是一种将外在知识观念内化为自身精神养分的自主认识过程，如果没有学生自主的内化，只靠教师单向的灌输就不会有良好的教学效果。在思政课具体的教学实践中，可以利用新媒体手段，创设生动活泼的教学情境，把复杂、抽象的理论知识通过文字、声音、图像等融合方式直观、生动地呈现出来，激发学生的学习兴趣和探究知识的愿望。同时，激发学生自主学习的内在动机。学习动机是激发和维持学生学习行为的一种动力倾向，要根据学生的学习兴趣、学习认知以及预期目标等学习动机因素，有针对性地进行干预指导，引导学生进行客观的自我评价，认识到现实与理想的差距，从而激发学生内心深处的学习动机，引导学生掌握自主学习的方法和策略。学生自主学习能力的培养是一个渐进的过程，不仅需要学习动机和兴趣，同时也需要适合自己的学习方法和策略。因而，培养学生的自主学习能力，必须在日常教学过程中，指导学生掌握有效的自主学习方法和策略，包括对自身学习需求的判断、自主学习时间的分配以及自主学习行为的反思等。新媒体环境下，要引导学生自主登录优质的网络思政课教学平台，并在课上汇报学习成果，培养其学习、观察和思维能力。

最后，应营造自主学习的校园环境。思政课的自主学习需要一个和谐、开放的校园环境以及相关政策的大力支持。加强网络精品课程的开发利用，目前国内外许多高校均开设了网络公开课并免费向公众开放，国内的一些主流网站如新浪、网易等也都开发了网络公开课专题网站。因此，高校教务部门、马克思主义学院等相关职能部门要顺应信息技术发展趋势，出台相关扶持政策，或与主流商业网站合作，组织思政课教师录制思政课网络精品课程，并多渠道大范围推广，让更多大学生受益。构建多元化的自主学习平台，合理安排自学自讲，注重引导学生把网络新媒体作为认识工具，自主探究知识；加强学生网络交流社区、红色主题教育专题网站以及"两微一端"建设，打造网络思政平台，通过平台向学生推介优秀思政文章、名师微博等教育资源，引导学生自主学习思考或进行自主交流、发表见解，从而使学生能够进行内容反思和知识建构。加强实践教学，因成本、安全等因素，思政课实践教学一直是困扰高校的一个问题，新媒体环境下可通过 VR 等技术建设虚拟实践基地，让学生足不出户便可身临其境，达到思想教育的目的。

第三节　高校思政育人教学方法的创新

思想政治理论课教学方法，就是思想政治教育工作者在思想政治教育过程中为达到一定目标、完成一定任务，而对受教育者采用的认识方法和实施方法。现代教学论认为，教学有法，教无定法，贵在得法。好的思想政治理论教学方法，有助于教师与学生之间良好的，有利于交流、引导、教育的关系的确立，否则，会导致二者之间僵化、互逆与对抗，从而导致思想政治理论课教学功能的丧失。

现代社会科学技术及经济的快速发展，尤其是新媒体技术的出现，对思想政治理论课教学方法也提出了新的要求。思想政治理论课教学方法的创新是克服和解决思想政治理论课教学针对性和实效性不强，确保思想政治理论课教学价值实现的有效途径和手段。思想政治理论课教学方法的不断创新，既是时代发展的要求，也是思想政治教育自身规律的要求，更是新媒体环境下思想政治教育的要求。

一、新媒体时代思想政治理论课的教学方法

从思想政治理论课教学实践来看，改革和创新教学方法是提高教学效果的桥梁和手段，它有助于思想政治理论课教学更具有针对性、实效性，可以使教学内

容更具有吸引力、感染力。然而，长期以来，在思想政治理论课教学方法上存在很多问题。这些问题可总结为"五个过多与五个过少"，即：灌输式过多，参与式过少；结论型过多，问题型过少；封闭式过多，发散式过少；重分数过多，重能力过少；重书本知识过多，实践训练过少。这五个过多与过少，可以说是重教有余，启发不足，强化了教师、课堂、书本这三个中心，弱化了学生学习的积极性和主动性，造成了学生实践能力、创造能力低弱的情况。自思想政治理论课的建设标准与改革实施开始以来，已经有了比较科学的课程设置，有了高水平的教材和基本有所遵循的教学纲要。但是，在新媒体时代，如何利用新媒体技术这种载体，使新教材的理论体系有效地真正进入大学生的头脑，使他们真正坐得住、学得进、听得懂、记得牢、用得好呢？这是教学方法必须回答和解决的问题。

（一）创新课堂讲授式教学

1. 讲授法

讲授法是传统思想政治理论课教学的基本方法，采用讲授法可以通过教师大量、集中、直接的讲解，帮助学生在有效教学时间内短、平、快地掌握课堂教学知识，不失为提高教学效率的一种简捷途径。但讲授教学也存在着致命的弱点和局限，主要表现为教师独占课堂、学生成为被动接受单一教学信息的受众。在这种教学方法中，讲解与倾听成了教与学双方主体各自的主要任务，其结果必然造成学生学习被动，缺失学习积极性与热情，学习方法机械呆板，实践和创新能力低弱等现象。在大学生思想十分活跃、形象思维高度发达的新媒体条件下，传统的、单一的思想政治理论讲授教学必须改革。

2. 专题式讲授法+轮班讲授法

专题式讲授法是以北京大学马克思主义学院的思想政治理论课教学为代表进而推广的。这种讲授法是在严格遵循统编教材的主要内容和逻辑结构的基础上，既依据教材，又不拘泥于教材，以"专题"为单位整合教学内容的一种方法。采用专题式教学讲授法，能够达到术业有专攻的效果。因为教师各有所长，也各有所短，一位教师知识水平有限，纵然使出浑身解数也很难完美准确地把握并教好一整门课程，而采用专题式讲授法，则可以最大限度地发挥教师专业所长，而且有利于教师形成集中的研究方向，深化教学内容，也有助于教学团队的团结协作力量的发挥。比如将《思想道德修养与法律基础》这门课程整合为人生观价值观、道德观、法治观这三个大专题，每组三人，各自集中力量准备一个专题，进行轮换教学。从教师角度来看，这样打破了统编教材画地为牢的章节设计，以专题为基础设计教学内容，有利于教师集中精力、时间关注学生现实生活中的实际问题，深化教学内容和方法的研究，减轻了教师的负担。从学生的角度来看，在一门课程中感受到不同教师的教学风格，能激发学生的学习热情，满足求知要求，增强学习兴趣。专题式讲授法容易出现的问题是，打破了原来一门课比较完整的整体教学体系，调整了原有教学内容设计中相互的逻辑关联，若处理不好，会造成教学体系结构混乱与松散，导致理论因无法相互证明而丧失说服力。这就要求思想政治理论课教师必须根据专题教学的实际需要，深入了解和把握教学体系内容，合理统筹，加强理论整合力，使之既体现专题的针对性，又能反映知识内容的相互连贯性，从而使教学体现出时代性、完整性和逻辑性。以《思想道德修养与法律基础》为例，利用新媒体技术用拼图块的无缝连接来体现人生观价值观、道德观、法治观这三个大专题的相互补充及其不可分割性，加上教师生动的讲解会让学生一目了然，形象直观。

3. "一多结合"的讲授法

新媒体技术的发展，改变了传统的"一支粉笔一张嘴、一块黑板一杯水"的课堂模式，使教学方法手段有了多样的选择。思想政治理论课教学中的"一多结合"，是指同一个教学内容由多个教育主体、采取多个（不同的）理论视角、选择不同的理论工具，分别进行阐释的教学方法。其主旨是在思想政治理论课堂教学过程中多角度切入某一重点教学内容，如请不同专业的教师或专家同堂对话并对学生进行讲授、交流。"一多结合"讲授有利于增强高校思想政治理论课的理论魅力，增加教学内容的科学性与深刻性；有利于加深受教育者对教育内容的理解，提高多种角度学习理解知识的水平、能力，增强学生的学习主动性。例如，在讲《思想道德修养与法律基础》的绪论"珍惜大学生活，开拓新的境界"这部分内容时，对于大学生应该如何更好地适应人生的新阶段，授课教师结合新媒体课件进行深入浅出的、细致的分析之后，为了让学生对教学内容有更深的体会，可以请本校的高年级学生或已毕业的优秀大学生有针对性地介入，讲述自己是如何适应大学生活，学有所成的。这样既有助于大一新生加深对大学生活的认识，更有助于其自身实践能力的提高。

（二）推进案例式教学法

案例式教学方法实质上是理论联系实际的一种具体表现形式。这种教学方法是在理论课教师的指导下，把实际生活中的事例引入课堂，有利于提升学生分析问题、解决问题的能力，从而使学生自觉不自觉地学到知识。要想很好地实施案例式教学，最关键的问题是要处理好教材和案例之间的关系，将案例和教材结合起来，既不能脱离教材而运用案例，也不能用案例代替教材，只有这样，才能保证这种教学方法的可行性、系统性和生动性，从而更好地实现教学目的。案例式教学法的核心在于组织课堂讨论，形成师生之间、学生之间互动的一种动态的、开放的教学氛围。在实施案例式教学的过程中，课堂上教师的理论引领和提升是非常必要的。在实际的教学过程中，学生在分析案例时，很难找到案情与教学内容的契合点，他们还不能把案例上升到一定的理论高度来进行分析。所以，在具体组织和实施教学的过程中，任课教师可以根据教学目的、教学内容以及授课对象的不同，灵活掌控教学模式，既可以在理论内容讲授之前抛出案例，启发学生思考，引出要讲的内容，也可以先进行系统的理论内容的讲授，之后再抛出案例，引导学生学以致用。案例式教学方法丰富和发展了传统的思想政治理论课教学方法与手段，对于提高思想政治理论课教学的实效发挥了重要作用，尤其是提升了学生的实践能力，是现代思想政治理论课教学设计的一大亮点。案例式教学法中的案例既可以选择视频案例，也可以利用 PPT 制作图文并茂的案例。利用新媒体技术教学，更易于大学生接受并深刻体会教学内容。

（三）突出实践教学

实践教学是深化思想政治理论课堂教学的关键环节，是学生获取、掌握知识的重要途径。思想政治理论课实践教学近些年来受到了政府相关部门和高校的更多关注，也涌现出许多成果与经验。实践教学作为课堂教学的延伸拓展，重在帮助学生巩固课堂学习效果，深化对教学重点难点问题的理解和掌握。高校要制定实践教学大纲，整合实践教学资源，拓展实践教学形式，注重实践教学效果。实践教学是切实提高思想政治理论课教学实效性的一种理论联系实际的教学方法。它打破了传统课堂教学的单一教学方式，使学生走入拓展性教学空间——社会生活，丰富的社会实践可以帮助学生巩固所学知识，开阔视野，拓宽生活范围，深化对社会的认知，提高独立思考、解决问题的能力。思想政治理论课实践教学是寓教于行的教学过程和教学方法，它的有效载体包括社会调查、生产劳动、志愿服务、公益活动、科技发明和勤工助学等社会实践活动。思想政治理论课教师尤其要抓住重大活动、重大事件、重要节庆日等契机和暑假、寒假时期，紧密围绕一个主题、集中一个时段，广泛开展特色鲜明的主题实践活动。

为增强实践教学的实效性，高校要根据学生实际来设计实践教学形式。大多数情况下，针对大一新生会开设"思想道德修养与法律基础"课、"马克思主义基本原理"课，因此，教师应根据新生特点，尽可能地使用一些体验式、交流式、竞赛式的实践教学形式，比如演讲比赛等。大二主要开设"中国近现代史纲要""毛泽东思想和中国特色社会主义理论体系概论"课，教师可以使用调查式、辩论式等实践形式培养学生观察能力，只有以学生为本，结合学生的具体特点，灵活机动地运用各种不同的教学方法进行教学，才能真正地增强教学效果。同时，强化实践教学，还要求学校为实践教学提供必要的机制与后勤保障。保证机制有动力、有活力，反馈迅捷。加大经费投入则是提高实践教学实效的物质保障。强化思想政治理论课实践教学只有做好这两点，才能保证实践教学计划的真正落实，也才能保证实践教学实效作用的进一步发挥。

（四）有效采用情境式教学

情境式教学就是指教师依据教学目标、教学内容以及学生的实际情况创设特定的教学情境，从而引导学生自主探究的教学方式。具体来说，它是指在教学过程中，教师有目的地创设或引入一个相关问题的情境，使学生产生身临其境之感，以引起学生一定的心态和情感体验，扩大学生的知识视野，刺激学生思考的积极性，从而促使学生以最佳的情绪状态主动投入，主动参与，主动探究，主动发展，从而启发、帮助学生掌握、理解知识，提高其分析问题、探求问题和解决问题的能力。情境式教学模式是以学生的"实践"为中介，通过指导学生参与社会实践活动，亲身去体验并启动心智去感悟和内省，或是通过科学的、有目的的典型情境的设置，让学生在"做"中体悟，在"参与"中反省，从而实现情感的整合和认知的建构，并将思想政治理论的学习转化为政治情感和道德素质的践行。

思想政治理论课情境式教学方式强调学生的自主体验，不是灌输抽象概念和规则；重视创设适宜的教学情境，充分发挥情感在教学中的作用，是一种启发学生学习兴趣的开放的教学模式。这种教学模式的构成一般有创设情境、确定问题、自主学习、协作学习、效果评价等环节，包括角色扮演、行为实践、用多媒体设备创设情境等方式，集言、行、情三者于一体。思想政治理论课教学引入情境式教学模式能够从根本上改变思想政治理论课传统教学中单一的泛泛讲解的模式。

（五）持续推进多媒体辅助式教学和网络式教学

运用多媒体技术以及网络辅助手段开展教学活动是现代化教育的重要标志，而利用教师的语言组织能力、肢体语言和个人魅力是传统的思想政治理论课教学方式中常用的教学手段。多媒体辅助式教学与传统的教学模式相比，具有更直观、更生动形象、趣味性强等特点，正日益成为一种被广泛推进且有效的教学方法。因此，反映时代主旋律、政治思想主题的思想政治理论课教学不仅在形式上要用先进的现代教育技术手段武装自己，在内容上也应当深刻地体现时代感和现实性。从这个意义上讲，思想政治理论课教师应当具有自主研发多媒体课件的意识和常用常新的能力。首先，要注意以理论为主线，精心设计，力求内容简明、形式生动、富有个性。具体地说，如：画面构图简洁大方，字幕清晰准确，背景颜色协调；画面主题鲜明、突出，符合认知规律；画面切换方法基本一致，以免令人眼花缭乱，分散注意力，影响教学效果。为调动学生学习积极性，强化学习效果，课件应预置课堂讨论等学生活动空间，并在每一章节后设置相应的单选、多选、辨析、讨论等练习题及标准答案。这样就会使多媒体辅助式教学通过生动活泼的直观手段恰到好处地体现具有较强的理论性、系统性、严谨性的思想政治理论教学内容。其次，要正确处理使用多媒体与不同教学方法之间的关系。在教学过程中，要善于将多媒体辅助式教学方法与其他教学法有机地融合，从而在整体上提高思想政治理论课的教学实效。此外，思想政治理论课教师对现代教育技术的掌握程度及机器的硬件性能指标等都应予以关注。如果机器性能较差，分辨率不好，会使教室内可视度降低，由于门窗紧闭，窗帘遮掩，空气流通不好，不利于学生记笔记，有碍用眼卫生，将影响学习效果。选择性能好、高流明的投影机，可以使学生在观看投影的同时，自如地看教材、记笔记，并保持良好的学习情绪。应当指出的是，多媒体终究是用来支持教学活动，提高课堂教学效率的一种辅助性的教学手段，它不是教案的简化，也不是专题录像集的播放；不能取代教师的讲授，更不能代替理论的论证和师生情感的交流。

当网络以惊人的速度走进人们生活时，网络式教学以其独特的优势、作用，对传统教学产生了不可抗拒的冲击。与其他媒体相比，网络在信息传递、储存、生成上具有明显的快捷、便利、丰富、生动等优点。将网络引入思想政治理论课教学中有利于改善和提高思想政治理论课教学质量。

由于新媒体网络信息传播的"时空无屏障"，它既可以发挥传统教学方式的优势，又可以突破时空界限、宏微观限制，创新教学方式，使封闭的"填鸭式"教学转变为具有开放性的互动式教学。集图、文、声、影于一身的网络技术为高校思想政治理论课堂教学提供了理想的教学环境，使大学生学习方式发生了深刻变化，使思想政治理论课的课堂教学焕发出新的生命活力。思想政治理论课网络式教学的最大特点就是利用网络上丰富的信息资源吸引学生主动参与教学活动，使学生成为教学活动的主角。思想政治理论课教师要精心策划和设计教学活动，充分利用各种交流式教学方式，使学生发自内心地投入教学活动中，并喜欢它，热爱它。这种寓教于乐、寓教于学的体验式、交流式、参与式教学方法提升了学生的主体地位，从而实现了由强制被动的"要我学"转为主动积极的"我要学"的目标。

高校要增强思想政治理论课教学的实效性，推进网络式教学模式的路径：一是搭建平台，建立高校思想政治理论课学习交流网站。主动的正面灌输和教育向来是我党思想政治教育的传统优势，进入新媒体时代的今天，我们仍然要依靠这种方式来占领互联网这个思想政治教育的制高点。这就要求高校在网上开设宣传马克思主义理论，宣传党的路线、方针、政策，宣传社会主义道德和其他科学理论的网站，对师生进行正面的教育。创办高校思想政治理论课网站时，可以通过设置各种专栏来实现资源共享。要创建一些贴近校园生活、贴近学生的融知识性、趣味性、服务性为一体的网站，在网上建立大学生思想政治教育的平台，通过这一平台对学生进行思想政治教育。二是开设思想政治理论课网络课堂。它的内容要丰富，形式要多样，具有选择性、方便性、长期性，在这里学生可以自主选择学习内容。通过开设网络课堂，可以实现教学手段多样化，增强教学的吸引力和感染力。开设网络课堂，必须采用多媒体授课，网络上的课件要做成 CAI 课件或 PPT 课件，同时要将思想政治理论课的教学内容做成电子教案挂在网上，以便于学生浏览和阅读。三是要实行网上与网下无缝链接。网络教学只是思想政治理论课教学的一种选择方式。思想政治理论课教学要显示其强大的生命力，必须有效地实行网上网下的无缝链接。这就要求建立一个覆盖高校而又辐射社会的立体交叉大网络，实现网上网下互动、课内课外互补，比如课堂教学后的师生网络答疑、交流，可以充分利用 E-mail、QQ、SKYPE 等与学生保持生活、学业上的联系，通过 BBS 了解大学生的思想动态，通过博客实现师生资源共享等，通过各种健康的网络活动，吸引学生积极主动参与，使大学生接受健康的网络文化的熏陶，从而净化心灵，提升精神境界。

总之，思想政治理论课教学方法创新要体现多样性。要综合运用课堂讲授、情境式、案例式、实践式、多媒体辅助式以及网络式等教学方法开展教学活动，将不同的教学法配合起来，实现优势互补，努力创新各种教学方法灵活运用和综合运用模式。

二、创新思想政治理论课教学方法的基本要求

(一) 倡导和坚持启发性教学原则

启发式教学即指受教育者在教育者的启发诱导下，主动获取知识，发展智能，陶冶个性，形成完美人格的过程。它符合教育教学规律和人才成长规律，具有从学生实际出发、尊重学生主体地位、注重学生能力培养等特征，是思想政治理论课堂教学的基本思想和基本原则。无论采用何种方法教学都应当坚持启发式教学原则。实施启发式教学应遵循如下要求：一是要立足学生实际。运用启发式教学的基本前提就是要立足学生实际，全面了解学生的生活、学习、思想和心理实际，包括学生的认知水平、知识结构、学业成绩、心理需求、兴趣爱好等。二

是要激发学生的问题意识。坚持启发性教学原则，思想政治理论课教师在课堂教学活动中就要避免简单训导倾向，从重说教、轻启发，重灌输、轻交流，满足于传授知识，摆大道理，而不太关注学生是否喜欢，是否能吸收和内化转向针对思想政治理论课教学实际内容由情入理地引导，根据大学生关注的视角，认真设计富有启发性的问题，运用启发性的语言，启发学生的思维，进而激发大学生的主动探求欲望，从而达到提升学生认识、分析、解决问题的能力的目的。特别要根据教学实际，利用新媒体技术载体，适当选择和灵活运用不同的启发式教学策略，并在教学实践中灵活运用与创新。比如，在教学环节的把握上，利用视频、PPT 制作案例等多媒体，"作为开篇，引出教学内容，也可以作为结论在教学结束前观看，还可以在教学中间激情引智，作为引发讨论的话题"等。

（二）坚持继承与创新相结合的原则

在新媒体环境下，传统的思想政治理论课教学方法存在一定的问题是毋庸置疑的，但它经过若干年的积累沉淀，并经过时间和实践检验能传承至今，就说明它是有一定科学性和成效的。这就要求我们在创新当代思想政治理论教学方法的同时对传统的教学方法给予充分的肯定和保留，并适当地注入现代元素，也就是说全盘否定和全盘继承都是不正确的，传统的思想政治理论教学方法与创新教学方法是相互补充的关系而非替代关系。只有有效结合运用新方法和传统方法，取长补短，思想政治理论课教学的实效性才能充分实现。

（三）坚持形式服从内容的原则

思想政治理论课教学方法的创新要坚持政治导向的正确性和科学性。新媒体是科学技术进步的结果，是思想政治理论课教学的一种载体和形式，这种形式是为思想政治理论教学内容服务的。高校要强化形式为内容服务的意识，这种服务不是生编硬造、牵强附会的，更不能本末倒置，要避免出现"形式上热热闹闹，表面上花里胡哨，实际效果看不到"的尴尬局面，应该使新媒体技术成为为学生的发展而服务的资源，而非负担和腐蚀剂。思想政治理论课教学肩负着育人的历史责任和社会责任，因而它不能为了迎合新媒体技术，丧失自身的教育责任与功能。

（四）坚持合理性原则

思想政治教育的本质是理解人、鼓舞人和引导人，使人全面发展，成为适应和促进社会发展的自由人。教学方法的创新，是新媒体时代发展对思想政治理论课教学提出的新的、更高的要求和挑战。利用新媒体技术优化教学内容、教学过程和教学效果，要避免功利化倾向，不能为迎合学生的口味而急功近利，不能一味地追求新、奇、特。要符合学生发展的实际，符合主流社会价值，符合社会发展规律，符合教育规律。

总之，新媒体技术在为思想政治理论课教学开辟新途径、新领域的同时，也对教学方法提出了新课题、新要求。要较好地完成这一课题和要求，就必须遵循新媒体环境下思想政治教育的基本原则，否则，新媒体时代的思想政治教育就很难收到实效。

第四节　高校思政育人教学评估体系的创新

思想政治理论课考评是对教学效果进行的价值判断，也是改进和提高教学效果的重要手段。在新媒体时代，高校思想政治理论课要通过考评体系的建立，增强学生接受思想政治教育的主动性和自觉性，使考评体系对学生正确思考与行为产生积极的引导作用。加强思想政治理论课考评体系的研究，建构思想政治理论课考评体系，对于提高思想政治理论课教学质量和效果，促进思想政治理论课教学的针对性和实效性具有重要意义。

一、与时俱进，加快转变考评理念

考评理念是指对考评所持的基本看法和基本观点。考评作为教学的一个重要组成部分，对教学起着重要的导向作用。有什么样的考评观念和考评方式，就会有什么样的教学观念和教学方法，不同的教学观念和教学方法就会产生不同的教学效果。传统的思想政治理论课的考评理念是通过考试考查学生对于某一知识点的掌握程度，以此作为考评标准，分出层次，排出顺序。因为传统的教育理念是以传输知识为主的"精英式"的教育，这种教育培养出来的学生往往能力低下。这是应试教育背景下的考评方式，即以闭卷考试为主要考查手段，以卷面分数作为考评学生的主要标准，这种考评方式更注重书本知识的再现能力，忽视学生的实践能力和创造能力的培养。在新媒体时代，必须转变考评理念，摒弃那些已经过时的考评理念，树立符合新媒体时代发展要求的考评观。

第一，坚持"以学生为本"。制定思想政治理论课的考评模式与方法时要从学生发展需要的实际出发，在考评内容的选取上要导向学生的全面发展，这就要求高校注重选择那些对学生发展和能力提升有帮助的内容。

第二，把学生的新媒体素养作为一项考评指标。媒介素养是指人们面对媒体各种信息时的选择能力、理解能力、质疑能力、评估能力、创造和生产能力以及思辨反应能力，其核心是培养人的认知能力。新媒体素养是新媒体时代人的基本生存能力之一。在新媒体时代，高校思想政治理论课应该将媒介素养纳入教学目标和教学考评体系之中。

第三，坚持科学的、开放的、动态的、全程化的网上道德考评理念。思想政治理论课考评的目标是随着时代的发展以及学生实际情况的变化而变化的，因此，考评目标也要保持开放性，给学生能够发展但尚未发展出来的能力留有一定的空间。考评本身应该是一个不断完善的循环过程，也就是说，当一轮考评结束后，对在此过程中遇到的问题进行讨论解决，对其中产生的有效做法保留并加以完善，对那些不适合的做法予以抛弃。具体来说，这种考评体系的建立可以通过完善学生评优评奖体制，改变评审办法，实行评优评奖学生网上申报，同时配合科学有效的奖惩措施来建立。

二、开拓思维，健全灵活多样的考评方式

考评方式是通向考评目标的桥梁。考评方式不同，得出的结果也可能大为不同。思想政治理论课考评目标的多重性要求考评方式必须多样。为了适应新媒体时代的发展，高校思想政治理论课要在继承传统有效的考评方式的基础上创新考评方式。当前高校思想政治理论实践中主要采取以下几类考评方式：

第一，平时考查。它通常包括考勤、课堂发言、课堂测验、课后作业、社会实践等。考勤是平时考查必备项，这也是考查学生自我约束、自我教育、遵规守

纪的表现。课堂发言是学生是否积极参加课堂教学的体现，也是参与式教学的表现形式之一，它能激发学生主动思考解决问题的能力，更是体现学生创造性的方式。在课堂活动中，学生参与课堂讨论的次数和发言的质量，需要教师亲自负责记录，以作为考评依据。课堂测验则计入平时考查范围，是教师随堂考查学生理解和掌握所讲内容到何种程度的参考。课后作业一般以社会调查报告、论文、资料整理的形式呈现，是教师根据本课重难点和社会实际，留给学生的任务。教师可以通过互联网，比如博客、QQ 空间、网络课程的建立，让学生在网上完成课后作业。通过课后作业，既可以考查学生的学习态度，又可以考查学生理论联系实际解决问题的能力。这里的"社会实践"是指在思想政治理论课教学过程中，就本课所要求范围的实践，而非学生在校的一切行为和活动。在这里要区分思想政治理论课考评范围与大学生思想政治教育考评范围，思想政治理论课强调的实践行为一定是思想政治理论课教学所激发出来的，而志愿者服务、学生社团工作、科技服务等这些积极的实践行为未必是思想政治理论课教学激发的。

第二，基本理论水平测试。针对理论知识和运用能力的考评，可采用闭卷、开卷、口试、讨论会和读书报告等多种卷面考评形式相结合的方式。闭卷是应用最为广泛的一种笔试，试卷考题具有较高的区分度。这种考试方式有利于考查学生对理论知识的记忆和理解，能够促使学生看书理解，并记忆相关知识。开卷也是笔试的一种，它重点考查学生对理论的运用能力及概括综合能力。考题难度一般高于闭卷，否则易流于形式。有些院校可能以课堂或课后作业、读书报告、调研报告、论文等方式考评计分。闭卷、开卷的考核方式，都可以尝试统一在网上完成，这样既可以在最短的时间内考查学生的成绩，又可以避免学生作弊，应该在思想政治理论课教学中推广应用。当然，这样的考评方式需要建立在有完善的网络课程的基础之上。口试是思想政治理论课常用的考试方式，一般分为期末综合口试和案例分析口试。学生当场应试，考评知识水平的口头表达能力。通过连续追问，可以考查学生的知识深度，观察应变能力，可以杜绝作弊。但是口试也存在缺点，即考试的效度、信度较低，耗时耗力，且主观性强。这种测试方式在有些院校的思想政治理论课考试实践中一般以课堂讨论、情景模拟案例、答辩、读书报告、知识竞赛等方式考评。

第三，引入民主评议方式。这种考评方式在目前的思想政治理论课考评中尚未普及。民主评议方式是提高学生思想道德修养的一种考评方式，它以批评和自我批评为主要方法，将学生自我评价与学生相互评价相结合，可以真实地评价学生的思想表现，提高考评的信度。这种考评方式坚持教育和自我教育相统一，能帮助学生形成自我意识。而且这种考评方式是一种多主体考评方式。高校可以通过建立相应的思想政治理论课网络课程，在对学生的道德评价中引入这种考评方式。这样既便捷，又可以清晰有效地凸显学生自评和他评的结果。

在新媒体时代，为了提高思想政治理论课教学效果，高校要根据课程的具体情况，不断创新更有效的考评方式，并完善原有的考评方式，从而实现思想政治理论课考评方式的导引作用。

三、加大力度，深化实践教学考评

思想政治理论课教学效果如何，最终体现在学生身上，既包括学生在校的表现，又包括学生步入社会后参加工作实践的表现。因此，对于思想政治理论课教学效果的评价固然需要运用一定的知识标准进行检验，但这些知识能否真正为广大学生所掌握，转化为其分析、解决问题的能力，最终还需要接受实践标准的检验。然而，在思想政治理论课的实际教学中，思想政治理论课考评一直存在一种倾向，即重理论知识考评，轻实践教学考评。之所以出现这种倾向就在于思想政治理论课实践教学考评机制不完善，难以量化。因此，要深化实践教学考评，就要采用行之有效的考评方法，使思想政治理论课实践教学可以考评。思想政治理论课实践教学包括基地教育、研究实践、校园文化实践等多种形式。

要深化实践教学考评，一是要确立科学的实践考评目标，在具体的考评目标上实现由重理论概念考评向重应用能力考评转变，由重书本知识考评向重社会实践考评转变，由重考评结果向重学习过程转变，由重简易经验测试方法向重科学考试制度规范转变。在教学考评中应适当引入社会成果评价的价值标准，利用考评"指挥棒"培养和引导大学生自觉学习马克思主义，并能够在实践中灵活运用，形成良好的创新精神和能力。二是要制定实践教学考评体系。对学生社会实践既要有"量"的标准也要有"质"的标准。从实践的"量"上看，包括实践学时、实践报告的字数与格式、实践报告上交时间等；从实践的"质"上看，包括选题质量、实践这些标准，将定性评价与定量评价相结合，进行综合考评。三是要优化考评方法，坚持自评与他评相结合。在新媒体环境下，更有效的办法是用学生自我评价与学生间的评价、教师对学生的评价相结合的考评方式取代单一的教师考评。这种考评方法有助于学生间相互监督，自我约束，是教育与自我教育的统一，有利于培养学生的自律能力。实践教学考评方式的实现要建立在网络课程的教育平台上，要实行网上与网下相结合的方法。关于"量"的考核，可以在网上进行，而具体到"质"的考核，就需要学生按照考核目标去做，主要由教师来把握，并结合学生的自评和他评，将多种评价结合，得出学生的最终成绩。这是一种综合、全面、立体的考核。

四、解放思想，推进拓展时空考评

在新媒体时代，高校应解放思想，推进拓展时空考评，这是一种全程式的考评方式。这种考评方式更需要网络平台。所谓的拓展时空考评就是指扩大考评空间，延长考评时间，加强全程考评，使教学的实效能贯穿在教学的全过程中。当前，我国高校的思想政治理论课程基本上都设置在大一和大二。因为这个时期是大学生角色转换的重要时期，也是大学生的世界观、人生观、价值观形成的重要时期。这个时期，大学生会面对很多困惑，比如适应大学生活、专业学习与思想成长、交友与恋爱等困惑。当学生面对这些困惑的时候，特别渴望从这些课程的学习中找到摆脱困惑的方法。然而，当前的思想政治理论课常用考评方法是终结式的，对学生而言是"一考定成败"的考评方式。虽然它高效、直观地反映出学生的成绩，但是这种考评方式得出的成绩，只是简单考查了学生对书本上基本理论知识的掌握情况，随着教育的深入发展，这种考评方式已无益于学生困惑的解决，从而导致思想政治教育的成效甚微。这种终结式的考评方式无法体现出学生的政治素质、世界观、人生观等深层次的内容，因而它是一种适应应试教育的静态的考评方式。要想实现通过考评检测出学生真实能力的目标，就必须改变这种终结式的考评方式。关键是要解放思想，下功夫去拓展考评空间，延长考评时间，加强平时考评，变终结性考评为全程性考评，分阶段将考评情况积累，这样才能综合反映学生的知识、能力和道德素质。这就要求每个学生每个阶段的表现都有网络的跟踪记录，通过这样的跟踪记录，得出大学三年或四年的最终成绩。

全程性考评是一种过程性考评，是用发展的眼光看待学生的。学生不是一成不变的个体，而是发展着的个体。所以，学生的理论修养和品德修养也是发展着的。虽然每个学生的修养完善都有着自己的发展过程和发展状况，但是大学阶段的学生正处于上升发展时期，因而仅仅凭借一次考试成绩来评判学生，是对学生的个性的漠视，也是对学生成长发展的无形扼杀。同时，全程性考评也是对学生思想政治教育可持续性的巩固。此过程既对学生的课程学习、为人处世进行了全面考评，又为学生就业准备了比较客观的资料，以便于用人单位能全面地了解毕业生的情况。

第六章 高校思政教育教学平台的创新

第一节 高校思政教育教学中教室空间的创设

随着互联网技术的快速发展和广泛使用，互联网与很多传统的行业相结合，产生新的产物。在"互联网+"的影响下，高等教育的教学实践发生了深刻变革，进而产生了新的教学形态。新形态的教学将互联网思维特征融入教学中，不仅促进了教学体系的构建、教学资源的整合，而且推动了教学空间形态的发展。

一、教室空间概述

（一）教室空间内涵

教室空间作为一种无形的力量，对学生的成长和发展产生着一定的影响。一般来说，教室是用于学生上课学习的具有一定空间作用的房间。教室空间是一种空间上存在的客观实体，更是人们精神上的具有"生命意义的空间"，可视为人们成长和学习的空间，也可视为超过真实存在的、不属于物理上和地理上的空间。因此，教室空间既是一种物理空间，又是一种社会空间。

（二）教室空间的构成要素

教室空间作为一种特殊的社会环境，其本身具有要素构成和环境特征，既是给学生传授知识的地方，也是学生自由活动、教师辅导学生学习的地方。教室空间的布置是否符合人们心中所想，那就是人们对教育方式的理解。实际上，人们对理想的追求从未停止过，对理想的探索与尝试也没有中断过。新的教育知识的出现，使人们对教室空间的需求又有了新的要求。在理论与实践互动中逐渐形成的探索新时期的教育改革，强调的是教育中的生命体，教室空间也在人们的理想方式下，具有自身的生命性。理想的教室空间所具备的生命性能够满足人们的需求，人们对思想教育的追求就是在不断改变理想状态下的教室空间的状态。

教室空间的变革以学生成长的过程为主，站在学生的角度考虑，需要注意以下三点：

第一，不要将"学生需要"当作"学生成长需要"。在成长的过程中，学生不能独立地选择发展的方向，所以，在学生的成长过程中人们常常将"学生的需要"与"学生的成长需要"混为一体，没有正确地引导学生，学生的喜好与成长需要之间是有很大区别的，学校应当在这个基础上对学生的发展进行指导。

第二，通过学生的成长状态，特别是从学生的问题状态发现学生的"成长需要"，由此切入进行指导，使学生进步。在集体交往过程中，很容易出现部分学生交往空间的缩小，局限在一个小的圈子里，排斥其他同学。这些问题出现的方式包含着多种可能性，或者是进步，或者是退步。

第三，在成长的过程中不仅要发现问题、解决问题，还要根据学生的成长状况，组织适合学生成长的实践活动。以学生的健康成长发展为目的建立教室空间，可避免出现很多错误的观点与观念。为了促进学生的成长，应当注意各个阶段的问题状态，在教室空间的设计上，不只是要注意建筑设计理念，更要参照教育理论观念，从各个方面考虑不同阶段、不同年级的学生的心理特征。应当认识到适宜学生成长状态的实践活动也能够促进学生的成长，这种成长的方式能够使学生成为教室设计的主人。

二、网络时代思想政治课教室空间的创设

传统教室空间是一个缺乏物质创新的教室空间，只重视对学生传授知识，而忽视学生的整体发展，必然会导致学生缺乏自我学习的意识。

（一）传统教学环境

以教师为中心，在课堂上对学生传授知识，同时对学生进行提问，并让学生在课堂教学之后对课堂上所学的知识进行练习。这种方式主要是由教师讲述，学生听讲并辅以练习以加强学科知识记忆。传统教学突出的是在教室中进行教学活动，教师是主要传播者，在学习过程中系统地安排整理课程内容，安排课程的进

度，学生扮演的主要是接受者的角色，多数的时间是以学生的听讲为主，教学时间较短，最后通过练习、考试考评授课成果来判断学生的学习能力。

　　传统教室的主要特征有：一是教师的身体语言对学生至关重要。教师在教会学生知识、与学生进行交流的情况下，表现出来的语言、声音等，都可以反映出教师的一种态度，这些对学生来说都是重要的。二是师生间的交互作用。在教学的过程中，教师的语言行为、情绪变化、心理状态的改变都会反映在教学课堂上，引起教室气氛的变化。三是学生之间相互影响。课堂上学生之间的相互竞争的氛围，可以激发学生的情绪或者抑制学生的情绪，从而都会对学生产生影响。四是学生的注意力必须高度集中。在传统的教学过程中，信息传输的过程是一个不可重复的过程，学生必须认真听讲，努力地记住教师在课堂中所讲述的重点。

（二）思想政治课现代教室空间的创设

　　网络时代，物联网作为积极的教学元素与教室空间相结合，扩展了教室空间的范围。从形式上看，物理空间和虚拟空间得到了很多研究者的认可；从技术与教室互动发展来看，推动了教室由传统教室、多媒体网络教室到现代教室的发展；从教室空间的内涵来看，思想政治课现代教室空间应该是学习资源获取便利，教学内容呈现情境化、可视化，能够促进课堂交互开展，充分发挥课堂主体的主动性、能动性，促进主体和谐、自由发展的教与学的新型空间环境。对于思想政治课现代教室空间的创设要重点思考以下几个问题。

1. 现代教室空间优化的基本理念

　　关于现代教室空间建设的思想有很多不同的表述，但其理念基本是一致的，均强调以人为本，增强学生的主观能动性，促进主体人格的完善，最终实现学生的全面发展。

2. 思想政治课教室空间设计的主要目标

　　思想政治课教室空间设计的主要目标，应该体现为服务和支持思想政治课教学改革。

（1）支持思想政治课教学结构变革

　　高校思想政治课教学改革的关键是将教师主宰课堂的、以教师为中心的传统教学结构，改变为既充分发挥教师主导作用，又突出体现学生主体地位的新型教学结构。同时，思想政治课教室空间的设计必须具备灵活的空间布局、动态课桌椅组合、多显示屏空间、数字学习终端等。

（2）实现不同教室空间功能的互补

根据思想政治课教学的特点，将现代教室模块化，以适用于不同教学应用模式。从功能角度可以把现代教室的空间划分为以下几类。

①授课空间。传统教室绝大部分空间都属于授课空间。授课空间将分散于各区域的学生集中起来，进行统一的讲解、演示、练习和交流。教师既可以向学生描绘情景、叙述事实、解释概念、论证原理、阐明规律、教练指导，也可以指导整个班级学生，围绕一定的问题各抒己见，展开讨论、对话或辩论。

②团队协作空间。由于问题驱动、任务驱动、探究性学习等教学方法的盛行，课堂上出现了越来越多学生小组形式的协作和交流，课堂不再是整齐划一的行动。由于学习内容、教学方法、学生特质、分组方式的差异，小组学习的类型也不尽相同。团队协作空间可以为不同的学习组群提供多用途的学习空间，满足他们进行各式各样的学习活动的需求。在实际工作中，考虑到教室空间利用的情况，需要将座位按某种规则适当重排，其目的是通过空间的重构让学生在课堂上能与更多的同学接触、交流。

③媒体空间。媒体空间用于放置图书、杂志、教材、电脑、视听资料和设备，并且提供足够的电源和网络接口，学生可以自由使用。教师也可以利用媒体空间准备学习需要的教材及教具，并且可以根据教学内容，在课前、课后或者教学过程中指导不同学生使用适合他们的资料。

④展示空间。传统的黑板报、名人名言的张贴、学生优秀作品展示，都属于展示空间的范畴。展示的内容既可以是学生的作业或作品，也可以是与教学内容相关的知识介绍、规章制度提醒、日程安排、课外活动指引、励志栏目、师生合作栏目等。当然，展示区也可用于记录学生的行动轨迹，教师为每个学生建立一个档案袋，张贴在展示区，档案袋反映了每个学生的状态。

3. 在建设方案上遵循主导原则

在建设方案上主要遵循以下主导原则。

实用性与先进性：满足教学活动的实际需求，在保证方案实用性的基础上，还应着眼于提升整个教室环境的智能化水平，以适应未来智慧教室的发展趋势。

可靠性与高性能：采用成熟并有较多成功案例的技术装备与解决方案，保证系统的稳定、安全和可靠，同时为教学提供高效率、高品质的支持。

完备性与拓展性：充分考虑物理空间和各种技术装备的优化融合，发挥整体系统的最优性能，同时遵循各种标准化体系，充分考虑到未来系统的升级与扩充。

第二节　高校思政教育教学中智能手机载体的建设与运用

大学生是十分宝贵的人才资源，是民族的希望、祖国的未来，肩负着建设社会主义社会的艰巨任务和伟大的历史使命。当代大学生对数码产品有着天然的亲近性，喜欢追求新鲜刺激、多彩绚烂、高速通信的生活。智能手机媒体为大学生学习交流、获取信息、上网娱乐提供了广阔的平台。如今，大学生人手一部智能手机，部分学生甚至同时拥有多部智能手机。智能手机轻巧的机型、及时快捷的通信方式、丰富海量的内容、共享互动带来的喜悦、碎片化的娱乐功能，都使得智能手机成为继互联网之后最受广大高校学子欢迎的一种新兴媒体，并且在悄无声息中融入了大学生的生活，影响甚至改变着他们的生活、学习、交往模式，对他们的思想观念、价值取向、行为方式和人际交往等多方面都产生了深刻的影响。高校思想政治教育工作的途径因手机短信、手机报、各种 App 软件的出现得以扩展，智能手机媒体成为思想政治教育载体的可能性越发凸显。

一、智能手机媒体的特点

互联网在世界范围内发展多年，信息全球化进程在高速推进，全球手机的拥有量已经达到了相当的数量级。与此同时，手机的智能化以及 4G、5G 通信网络的建设，使一个全新的移动媒体时代慢慢展现雏形。手机的媒体功能融合正在进行之中，并为通信技术带来了广阔的机会。此外，最新的一项融合则是社交网络媒体与移动通信的嫁接，社交网络媒体功能迅速成为手机的标准配置。

在智能手机媒体功能进化的同时，融合同样也在媒体领域发生着。今天的媒体越来越走向"平台中立"。互联网已经取代报纸等传统媒体成为人们获得新闻、搜索背景信息的首选媒体。今天，传统媒体中的先行者已经开始将同一篇新闻报道传至计算机、手机、报纸等各种不同的媒介上供读者阅读，这是一种典型的全媒体尝试。此外，融合还发生在受众身上。计算机、智能手机等媒介形式，互动性更强，受众扮演了双重角色——既是新闻的消费者，又是贡献者。

智能手机媒体有以下特点。

(一) 传播特点

作为网络媒体的收发终端，手机媒体具有网络媒体的各种特点。同时，手机媒体又有自身的特点，其最大的优点是小，最大的缺点也是小，加上智能化，形成了一系列传播上的特点，主要表现在以下几个方面。

1. 便捷

可随身携带，接收便利；可随时随地传播，及时收发信息；可方便地采集、制作、选择、检索、储存、转发、评论。于是大大增强了传播的自由度、自主性和实时性、互动性，也增强了随意性和扩散性。

2. 综合

手机综合了人际传播、群体传播、组织传播、大众传播，综合了书报刊、广播电影电视和网络媒体的长处，成为媒体的延伸，成为功能最多、使用最多的媒体，使传播交流的覆盖面既广又密，并呈现群体化倾向。

3. 碎片

手机把许多整块时间"切碎"，人们的活动不断被手机打断。与之相应的传播也往往是断断续续、零零碎碎的。

(二) 内容特点

上述传播上的特点必然带来内容上的特点。

1. 来源多

信息和意见快而新、广而全。许多内容没经过把关人的过滤，一方面鱼龙混杂，另一方面有许多反映社情民意和突发事件等稀缺内容。

2. 短而小

碎片时间、小屏幕难以容纳长而大的内容。于是短小精练，有更大的信息量，然而又有内容广而不深的问题。

3. 碎片化、肤浅化、娱乐化

手机传播可利用碎片时间，但其内容也相应碎片化。加上短而小，又容易肤浅化、娱乐化。许多人也倾向于接受碎片、肤浅、娱乐性的内容。

（三）受传者特点

1. 主动性强

手机媒介的受传者不是信息的被动接受者，而是主动性很强的选择者、使用者和发送者。

2. 随意性大

受传者的选择余地和收发信息自由度都很大，传播时的随意性也较大，还往往情绪化。

3. 受传播环境影响大

受传者往往在人际传播、群体传播的过程中，或在碎片时间中接收和发送信息，传播内容和效果都易受到他人的影响和时间短促的制约。

二、智能手机作为思想政治教育载体的必要性及可行性

在智能手机成为人们生活必需品的今天，其功能已经不再局限于人与人之间的沟通交流，还兼具着共享信息、生活娱乐的功能，它对高校思想政治教育的建设有着潜移默化的作用。作为现代信息传播交流的第五代先进媒介，手机媒体给我们带来了一种新的交流平台和新的发展机遇，智能手机媒体成为高校思想政治教育载体不仅"可以为之"，而且"必须为之"。

（一）智能手机对大学生思想政治教育的积极影响

智能手机的使用对于大学生思想政治教育工作的积极影响可圈可点。无论是

思想政治教育工作者，还是大学生自身都从智能手机上获得了便利，具体来说体现在以下几个方面。

1. 手机使用的即时性为大学生思想政治教育搭建了新平台

首先，智能手机为大学生思想政治教育活动的开展增添了丰富的话题。无论是国家重点建设大学还是地方性大学，都应当高度重视智能手机在大学思想建设方面的积极作用。随着中国教育体制的持续性变革，毋庸置疑，一个学校的校园精神影响到了身处其中的每一位学子，所以学校精神建设的成功与大学生思想状态水平的高低有着紧密的关联。为了加强大学生的思想道德教育，国家和政府的相关部门曾经开展了很多活动，如全国的网络短信作品赛，以帮助大学生能够更加积极文明地使用智能手机。智能手机之所以受到各高校的欢迎，不仅仅是因为其在丰富大学生课余活动方面具有非常大的优势，还因为可以利用其加深当代大学生对于中国传统文化的体验。

其次，智能手机改善了以往思想政治教育工作平台的时空局限性。也就是说，传统的思想政治教育模式极为单调，在开展大学校园文化宣传活动时，必然需要通过负责人的引导进行主题教育，完全丧失了教育工作的自由性。然而，随着智能手机传播开来，大学生思想政治教育活动的形式开始变得丰富起来，不再拘泥于单一的时间地点和无聊的活动形式，凡是通过智能手机这种载体开展的教育活动，其内容必然生动新鲜，功能丰富多彩，因而也更加行之有效，学生的主动性大幅度提升，同时提高了活动内容的可传播性。总而言之，一方面，凭借着灵活便携、信息传递速度快的优点，智能手机使得大学生思想政治教育工作的开展冲破了传统的时空局限，从而从真正意义上为大学生的教育搭建了新平台；另一方面，大学生在新的思想教育平台上也获益匪浅，借助智能手机方便及时的特点，大学生能够随时随地地与教师、同学之间建立交流和互动，答疑解惑，及时地分享了解最先进的学习经验等。随着时代的不断发展，思想政治教育活动的形式必将越来越新颖，越来越适合当代大学生对新时代的口味要求和性格特性，传统的教育模式也必将越来越失去大学生和教育工作者的青睐。

2. 手机使用的倾向性为大学生思想政治教育提供了新手段

一个人所处的成长环境决定了其性格的养成，由于每个学生生活学习环境的不同，导致了他们之间性格方面的迥异。对于大学生思想政治教育来说，也是同样的道理，高校教育者要充分尊重学生的性格差异，从而制定出因材施教的教育方式和方法，充分照顾到每一个学生的个性特点，尊重个性与共性共同发展，才能使思想政治教育的工作效果最大化、最优化。可以说，由于智能手机的使用，传统的大学生向教师、家长甚至同学寻求帮助的形式转变为现在的向手机寻求帮助，因为通过智能手机的互联网功能，他们能够找到真正可以帮助他们解决实际问题的那些"专家"，同时，也会引起一个比以往范围更大的呼应，以从中寻求最佳答案。另外，由于互联网采用的是一种异于传统的匿名式的沟通方式，这种方法更加有可能让教育者接触到学生内心最深处的声音，而且可通过评论回复或者是在线聊天的形式非常及时地解决学生当前所面临的问题，传达给他们正确的教育信息。而对于大学生思想政治教育工作者来说，他们则可以通过长期观察研究这些网络上出现的大学生思想状态的真实反映，为以后的教育工作提出指导性的建议，提高解决问题的时效性和针对性。与此同时，相比于传统的枯燥乏味的思想政治教育模式，智能手机的应用使得当今的大学课堂从真正意义上走进了现代化，教育形式更加直接，教育方法更加多样，教育模式更加新奇，受教育者也更加欢迎这样的教育方式，这样产生的教学效果才会大幅度提升。

3. 手机使用的交互性为大学生思想政治教育拓展了新资源

传播积极向上的教育思想、帮助引导大学生养成正确的人生观、价值观是新时代赋予大学生思想政治教育工作者的新要求。智能手机凭借着海量的数据信息、丰富的网络资源以及超快的信息传播速率等其他媒体不可替代的技术特征，成为最具有应用性和时效性的载体，得以与大学生接触，因而手机中蕴含的有关学校精神文化的信息也可以对大学生的身心产生一定程度的影响。所以，智能手机的使用也为大学生的思想政治教育带来了新的资源。

(二) 智能手机媒体作为思想政治教育载体的必要性

1. 思想政治教育载体与时俱进的体现与要求

一方面，手机媒体已经成为大学生必不可少的生活用品。互联网是推动智能手机媒体发展的技术支撑，学生获取资讯的主要方式已经由纸媒过渡到手机网络，手机媒体已经成为信息集散地和民意聚集地，不仅对学生的价值观念、知识储备、技能训练、性格培养、人际互动有着不可忽视的影响，而且对高校思想政治教育的发展有着不可估量的作用。高校要重视智能手机媒体的建设、使用、管理、监督，努力使手机媒体为传播先进文化、深入社会主义核心价值观、实现中国梦搭建有效的平台，为高校思想政治教育理顺新思路、扩展新空间、创新新方式提供新的宣传阵地，为当代大学生学习马克思主义、毛泽东思想、中国特色社会主义理论体系的纵深推进创造条件。

另一方面，思想政治教育载体在实践中不断更新发展。随着时代的发展、科技的进步，思想政治教育载体的形式丰富多样，可利用的大众媒介也越来越多。可以说，高校思想政治教育载体的创新是信息时代的应有之义，是与时俱进的体现和要求。思想政治教育的内容在充实、形式在丰富、环境在变化，如果死守僵硬固化的老路，思想政治教育信息的传播将无法顺利开展，思想政治教育理念的内化将失去生存的土壤，思想政治教育的效果将事倍功半。高校思想政治教育的发展必须利用好智能手机媒体，必须有效引导这个舆论氛围，必须随着时代的发展、技术的进步走在手机媒体发展的前列，不断更新高校思想政治教育的手段，有效利用智能手机媒体为思想政治教育工作服务。

2. 思想政治教育占领传播阵地和引领舆论环境的要求

其一，占领传播阵地的要求。智能手机媒体是高速兴起的新兴媒体，在学生中的占有率为100%，影响不容忽视。手机领域中马克思主义意识形态的缺位，就亟须马克思主义占领手机传媒领域的阵地，建设社会主义核心价值观的手机信息传播阵地，用主流的声音和向上的精神文化抢占手机网络传播阵地。用社会主义核心价值理论体系和中国梦指导高校思想政治教育理论和网络平台的构建，让马克思主义在手机媒体领域"实心"而不是"真空"，不断满足大学生多样化、多层次的精神需求，坚持走社会主义道路，树立中国特色社会主义意识形态，坚定不移地拥护党的领导。

其二，占领舆论环境的要求。网络中发布的各种不实信息和失真新闻成为网络谣言滋生的温床，假消息会严重损坏媒体的权威性，甚至会危害安定有序的社会秩序，不利于营造良好的社会舆论氛围。互联网革新了一直以来的以灌输为主的教育方式，网民是舆情的主体，表达思想的方式更直接、真实、流畅。充分重视智能手机媒体的舆论导向作用，必须在教育方式上与时俱进，在教育内容上贴合现实、贴近学生情感，完善思想政治教育监管机制，净化手机网络环境。

（三）智能手机媒体作为思想政治教育载体的可行性

1. 智能手机媒体的功能为拓展思想政治教育载体提供了技术平台

智能手机媒体承载量大、移动能力强、传播速度快、覆盖面广、互动性强的优势，拓宽了高校思想政治教育的教学阵地。高校思想政治教育工作既可以借助手机媒体丰富的信息源，也可以借助传统媒介和传统教育手段，开展思想政治教育活动，还可以大范围、快速、主动地向大学生传播正向的思想观念、政治观点和价值理念，对相关理论政策的解读也可以在第一时间让学生知晓。学生在学习哲学经典、马克思主义经典著作、中国的马克思主义相关著作及文章遇到困难时，可以随时随地利用智能手机媒体上网查询相关材料，和教师、同学互动交流，智能手机媒体这种得天独厚的优势为高校思想政治教育内容和手段的不断创新创造了条件。智能手机媒体的发展，催生了各种应用程序，中国知网、维普网等知名学术网站都有属于自己的掌中 App 程序。利用手机媒体的新技术，随时了解学科理论前沿，掌握一手热点资料，有利于提高思想政治教育工作的效率。

学校的中心工作是教学，长久以来，这一中心工作任务并未发生改变，在分数称霸的校园，学校的工作重点始终紧紧围绕课堂教学。大学是一个开放性、社会性、实践性大课堂，仅仅依靠课堂教学并不能满足学生发展的需要和时代的要求，手机媒体将人际传播和大众传播有效地集合于一体，在很大程度上让信息传播提速、增道、扩路。特别是各种手机应用的开发、各种手机业务的发展，丰富了手机媒体的功能，将刻板的思想政治教育内容以更为形象、生动、鲜活的形式呈现给广大受众，学生乐于学习、愿意接受。在重大节日和热点事件中，教育者给学生群发信息，让学生及时了解相关情况，避免受到不良信息的干扰和误导，增强大学生的思辨能力。借助移动互联网平台，教育者主动发挥主观能动性，以饱满的激情和对学生真挚的关怀，搭建切实可行的校园手机办公平台，以此来增强该平台实际操作的可行性。

2. 智能手机媒体的特点为增强思想政治教育的针对性奠定了基础

传统思想政治教育的对象通常是群体，很难针对学生的个人情况开展思想政治教育，一是学生个人信息状态有隐蔽性和私密性，难以普遍悉知；二是没有足够的人力、物力，一旦学生发生突发情况，往往措手不及。以前的思想政治工作者在实际工作中经常会出现为了某个学生、某件事情跑断了腿、磨破了嘴的现象。

手机信息传播是"点对点""点对面"的教育工作者发送信息的对象是固定的学生群体，信息发送的内容、结果和效果都可以很好地进行预判，很大程度上提高了思想政治教育的实效性。智能手机媒体让信息的及时送达、反馈成为可能。随着高速网络的普及、智能手机媒体的广泛运用，及时交互的手机通信软件可以成为思想教育工作者及时捕获学生思想动态的工具，一旦出现不良苗头，便可以果断出击，及早为学生做好思想政治工作，确保学生群体思想健康向上、乐观稳定，让思想政治教育工作更有针对性。世界上每一个个体都是独立的，每一个学生都是独一无二的，重共性、轻个性的理念与新时期广大青年的发展趋势相逆，也不利于创新性人才的培养。教育工作者针对不同的学生个体，利用智能手机媒体，采用不同的教育方式传递不同的教育内容，为学生的个性化发展创造了条件。

手机媒体的个人私密性让彼此间的交流成为隐藏在手机媒体背后的人-机-人交流，相较于传统的面对面的心理辅导方式，更易于被学生接受。很多学生由于个性腼腆、性格内向、表达含蓄、顾忌多虑不敢向教师吐露内心情感和思想上的困惑，致使很多教师难以全面获知学生情况，不能为学生制订有针对性的个性治疗方案，其结果通常是恶性循环。运用智能手机媒体，通过在线情感交流、咨询、互动能够有效克服上述障碍，为大学生提供一个隐秘的，但却能真实表达自己、宣泄内心情感的场所，可以让辅导教师及时了解学生的个人情况，与代课教师、学校相关负责人通力合作，帮助学生攻克难关，真正成长为对社会有益的人。

三、加强高校思想政治教育智能手机载体建设的对策

(一) 创新智能手机的思想政治教育工作方法

1. 利用手机应用软件宣传主流价值理念

智能手机在大学生群体中的流行，增强了学生之间的沟通与联系，为单调的

大学生活增添了趣味。智能手机最受大学生青睐的地方就在于具备各种各样有趣的手机应用软件功能。然而在智能手机应用软件的使用过程中，依然涌现出了很多问题，也就是说现代的智能手机制度依然不完善，依然需要健全发展。智能手机是促进大学生思想政治教育工作发展的非常重要的工具，而这个工具的最有力保障就是良好的手机网络氛围。因此，利用手机传播主流价值理念正是思想政治教育工作中重要的一个环节。

一方面，针对我国的国家性质，高校思想政治教育首先应该建设完善社会主义的智能手机主流价值理念，增强高校思想政治教育对于智能手机主流价值理念建设过程中的引导效应。社会主义核心价值体系是我国智能手机新媒体主流价值理念建设的最终目的地和最佳标准。由于现在国内对于手机网络监督管理方面的制度还不够完善，导致网络上布满了各式各样的不良信息，因而教育者一定要加强对大学生的手机文化教育以及社会主义核心价值观教育，告诫其避开不良信息。同时，手机营业商、软件开发者、学校、国家和政府的相关部门可以多多提倡开展一些相关的活动，研发一些和教育有关的手机应用软件，通过合作的方式共同宣传主流手机价值理念。

另一方面，要积极研发倡导健康文明的智能手机应用，尽最大可能避免大学生进入智能手机使用的误区，将手机应用系统和思想政治教育内在结合，帮助学生培养自我管理的意识。另外要注意，教育工作者进行教育教导的方式应是顺向的而不是逆向的，使学生自愿地去形成合理的智能手机行为习惯。当代大学生最鲜明的特点就是充满活力、充满个性，因而在智能手机的使用方面，他们也常常以自我为中心，不顾及旁人的感受，出现了各种各样的问题。现在无论是在教师正在讲课的课堂上，还是在原本应该保持安静的图书馆里，都可以看到学生旁若无人地进行手机通话、手机聊天、手机上网等，他们不自知这些行为不仅影响到了教师讲课的进程和情绪以及图书馆安静的氛围和他人安静的心态，最主要的是影响了自己的学习状态，这些都是于己于人不负责任的表现。

2. 利用手机社交网络构建交流平台

当前，智能手机不断升级更新，越来越成为当代大学生进行信息传播的重要工具和日常学习、生活、娱乐不可缺少的调剂品。将智能手机应用到大学生思想政治教育中时，必须时刻注意采用的方式是否满足了新时代的需求，是否适应了广大学生群体的个性化发展，然后再进行相对应的教导和管理。总而言之，创新思想政治教育方法应注意智能手机网络社交平台的构建。

第一，现今手机技术越来越成熟，以前非常陌生的一些手机软件如QQ、微信、微博等现在都已经可以成功地应用在大学生思想政治教育中。即使当前大部分高校所建立的思想政治教育网络平台依然存在着问题，比如平台的建立没有做到信息的全方位公开、对于大学生的影响力度不够、教育平台的宣传力度不够、学生参与人数过少等，对此应在做好思想政治教育平台建设工作的基础上，再做好平台相应的宣传工作，这样才能够使得更多的学生参与其中，从而发挥真正的作用。

第二，高校思想政治教育者一定要利用好智能手机现有的应用软件，如微信、QQ、微博等，这些平台是大学生闲时经常光顾的，如果可以对这些平台好好加以利用，不仅可以省去很多时间和精力去建设一个新平台，而且为高校思想政治教育方面的一些通知、新闻、政策等的传达分享带来了极大的便利，学生也可以轻松地参与其中的讨论和沟通，充分利用了学生的课余时间，顺应了学生的手机使用习惯，一举多得，增强了思想政治教育的效果。

第三，充分利用学校信息技术方面的人才，设计应用一些系统以提高大学生传播信息的速度，比如归纳、设计、分享个人信息、班级信息、图书信息等，以提高思想政治教育工作的时效性和便利性。

3. 利用手机即时通信工具即时沟通

随着手机技术的不断革新发展，智能手机越来越成为在校大学生不可或缺的生活工具，然而这并不代表学生对于智能手机做到了真正意义上的理解，智能手机中还隐藏着许多陷阱和误区，需要教育工作者予以正视。部分大学生在智能手机的使用上已经偏离了手机即时便利的功能主旨。因此，大学思想政治教育者要做到创新教育方法，利用好智能手机即时通信的功能，采用正确方式进行引导，帮助学生养成健康使用手机的好习惯。

具体来说，要做到：大学思想政治教育者要主动举办相关的心理咨询活动，细致地了解学生的智能手机使用状态和心理状况，主动干涉那些不正确的、不健康的手机使用行为，积极地引导学生走出因为使用智能手机产生的一些不良情绪，加强对过分依赖手机的学生的思想政治教育；思想政治教育者要及时地向学生宣传新出台的关于智能手机方面的规章制度，加强大学生自身的法律意识和法律基础，把他们培养成为能够应用法律法规进行自我约束、自我管理和自我保护的人才；思想政治教育者要积极培养学生形成使用智能手机的良好行为习惯，比如在校园的一些醒目地区张贴关于智能手机使用方面的文明用语，在自习室、图书馆等学生常常聚集的醒目的地点进行智能手机文明使用行为规范准则的宣传。另外，教育者可以尝试在图书馆等地点建设专门的手机接听房间，以用来给学生做紧急通信使用，防止对其他人的学习、工作产生不良影响；同时，在课堂上，可以设置手机保存箱，即上课之前将学生的手机集中收入一个箱子中，下课之后归还给大家，这样既杜绝了大学生上课玩手机的现象，提高了听课效率，又使教学达到了最佳效果。

（二）培养思想政治教育工作队伍的理论素养和媒介素养

高校思政教育工作者、辅导员和班主任是开展高校思想政治教育的主力，利用智能手机媒体开展思想政治教育更离不开这些主力的群策群力。我国思想政治教育队伍存在"红""专""又红又专"三种情况，"又红又专"这种理论素养过硬、技术水平又高的队伍是少数。在第五媒体时代背景下，既要提高教育工作者的理论素养，也要培养其运用智能手机媒体开展思想政治教育的能力。

一方面，思想政治教育者必须具备过硬的理论素养。要想教会学生如何做人、做什么样的人，教育工作者需要具备坚实的理论基础。首先，思想政治教育者的工作性质决定了他们必须不断提高思想政治道德素质，坚持正确的政治方向，树立坚定的共产主义信念，始终坚持党的领导，完善自我。其次，思想政治教育工作者需要不断扩充自己的科学文化知识，以广博的知识体系为基础适应当今时代的变化发展，把最新的前沿命题运用到实际工作中。最后，思想政治教育工作者需要不断提高自身能力，这里专指沟通能力。在日渐多元化的时代，学生的变化也让教育者猝不及防。教育工作者需要真正树立"以人为本"的教育理念，尊重每一个学生，保护每一个学生的梦想。利用智能手机媒体的各种交互工具，随时随地与学生取得联系，不论线上的沟通还是线下的交流，都要站在学生的角度思考问题，使巧力而不是用蛮力，做朋友而不是树敌人，在互相沟通交流中探究学生的真实想法，形成互动的和谐关系。

另一方面，在信息技术高速发展的今天，思想政治教育工作者必须提高自己的媒介素养。我国受众长期以来尽心尽力扮演着信息接受者的角色，忽视了对信息的分析、研判、辨析和提取。因此，提高思想政治教育工作者的媒介素养十分必要。

第一，提高教育工作者对文本的分析、批判能力。智能手机传播的信息并非都是有益的信息，也并非都利于大学生的健康成长。这就需要教育工作者充当信息把关人，通过信息表象思考创制信息的机制，学习使用和创制信息的方法，深刻理解媒体语言，着重关注语言、意识形态和信息再现问题。

第二，提高跨文化沟通交往的能力。全球化是以经济为载体的，其逻辑必然导致标准的统一，面对其他国家将自己的文化精神、思想理念和行为准则悄然渗透在文化产品中的情况，思想教育工作者要致力于在一系列教学活动中保持民族的批判精神和传统文化的独立与繁荣。在正确获取信息、分析信息、评价信息和传播信息的基础上，不断增强自身的自主性、判断力和个人责任感来指导自己的行动。

第三，培养理性的民主意识。面对热点话题和突发事件，思想政治教育工作者要保持头脑冷静、思维清晰，提高对信息的筛选能力和辨别能力，容忍不同意见的表达，尊重个人表达意见的权利，但是要始终站在马克思列宁主义、毛泽东思想和中国特色社会主义理论体系的角度上应对冲突，增强协调能力和解决问题的能力。

第四，学习网络语言，运用网络语言，走在学生之前，走进学生之中。在和学生的日常交流中，善于运用精练的网络语言、幽默的网络语言符号、生动的网络语言动画，建立和学生的共同语言，为思想政治教育的顺利开展创造条件。另外，要始终坚持"以人为本"的教育理念，通过专业的手机媒体知识培养，提升对思想政治教育者运用智能手机开展思想政治教育能力的培养。思想政治教育工作者要熟练使用并且善于利用各种手机自带的交互式软件、音视频软件和电子阅读软件，将思想政治教育内容渗透到手机软件的每一个角落。

（三）完善思想政治教育运用智能手机媒体的监管机制

依托智能手机媒体开展高校思想政治教育工作，离不开行之有效的制度规范。制度化是高校思想政治教育顺利开展的有力保证，是一个发展过程，其主体是众多群体和组织，目的是使这些主体日趋成熟。为了保证高校思想政治教育手机载体的运行顺利畅通，确保思想政治教育工作者能够运用手机媒体获得预期的教育效果，必须建立相应的制度。

第一，完善权责管理制度。坚持"以人为本"的教育理念，创新大学生思想政治教育的动力机制，建立健全切实维护大学生权益的权责管理制度、应急预警机制和鼓励机制。思政教育工作者要各司其职，实行网络导师到岗服务，与个人绩效挂钩，确保在利用手机媒体开展思想政治教育活动时，每一个环节都有专人负责，让更多的教师、后勤、管理人员都能够投入思想政治教育活动中，充分发挥监督、管理的职能，确保手机思想政治教育活动的顺利实施。

第二，重视意见反馈机制。完善手机信息沟通制度，在信息的获取、交换、表达和意见产生的过程中，充分利用反馈的信息，针对学生处理信息的不同阶段采取不同的措施，保证手机活动能取得收益的最大化。注意区分手机网络中学生群体中存在的灌水者、讨论者和发问者，因势利导，有针对性地开展活动，汇集校园舆情信息，积极主动地引导舆情导向，做学生思想的风向标。

第三，制定效果评估指标体系。效果如何是通过学生的思想和行为体现出来的，思想政治教育效果的好坏，直接影响着学生的个人发展。效果评估指标体系的拟定落实，需要根据智能手机媒体的独特性、智能手机媒体对思想政治教育的特殊影响来进行，在评估的过程中，充分尊重学生的个体差异性和多样性。对手机媒体开展思想政治教育活动的评估，其目的不是鉴别手机功能，而是要强化手机媒体的导向功能，让学生善于利用手机，以正确的、积极的、向上的态度对待手机信息。

第四，优化监控手段。加强对手机网络中呈现出的不同社会心态的检测评估等网络预警机制，对于手机网络中出现的不良心态及时进行引导，协调校园中存在的不和谐的声音。利用智能手机媒体，加大对学生的心理健康教育辅导，强化思想政治教育效果，在整个过程中充分体现人文精神和心理疏导，各个部门全力配合，优化监控手段，抵制不和谐因素，引导校园舆论导向。

第五，健全思想政治教育手机媒体的法制建设。法律规范是手机载体思想政治教育顺利开展的根本保障。将手机媒体的相关法律运用于高校思想政治教育的日常管理中，借鉴国外高校关于学生使用手机媒体的法律规范，有利于高校思想政治教育工作者对学生运用手机媒体的管理，减少有害信息对学生的危害，确保学生能够文明使用手机媒体。

第三节　高校思政教育教学中社交沟通平台的搭建与运用

网络时代，越来越多的大学生借助网络社交平台参与社会生活、发表观点、表达见解，纷繁复杂的网络社交平台对大学生的思想行为产生了巨大影响。壮大主流思想舆论，切实加强高校意识形态引导管理，做大做强正面宣传，是加强和改进新形势下高校宣传思想工作的主要任务之一。因此，在新的媒体环境下，高校思想政治教育要积极把握网络社交平台带来的新机遇，主动占领网络新阵地，牢牢把握思想政治教育主动权。

一、高校思政教育教学中 QQ 平台的搭建与运用

（一）QQ 平台作为大学生思想政治教育载体的内涵

QQ 平台作为大学生思想政治教育载体，是指思想政治教育主体利用 QQ 平台将思想政治教育内容或信息传递给思想政治教育客体，促使思想政治教育主客体之间相互作用的一种活动形式或信息平台。它具有虚拟性和隐蔽性，因此它既不同于传统的开会、谈话、理论学习等活动形式，又不同于报纸、书籍等物质实体，是一种新的思想政治教育载体形式——信息平台。

（二）充分利用 QQ 平台加强大学生思想政治教育

大学生思想政治教育的实施虽然受很多因素的影响，但关键还是靠人，思想政治教育者作为思想政治教育的主体，是思想政治教育工作的组织者和实施者，对思想政治教育效果的实现起关键作用。而教育主体对某一事件的态度又决定了该事件能否成功。因此，必须从思想上重视 QQ 平台在大学生思想政治教育中的

作用；从手段上构建 QQ 群，充分利用 QQ 空间加强大学生思想政治教育。

1. 重视 QQ 平台在大学生思想政治教育中的作用

大学生处于青年时期，容易接受新事物，学习新知识，在较短的时间内就能掌握网络技术，对 QQ 平台进行熟练操作。而作为思想政治教育主体的教师，有的则对网络和 QQ 平台持否定和怀疑的态度，不愿意主动使用 QQ 平台，这不仅使思想政治教育主体不能适应网络时代思想政治教育工作的要求，而且对提高思想政治教育的效果极为不利。因此，广大教育者对利用网络进行大学生思想政治教育的重视程度还有待进一步提高。这就要求教育者要潜心学习互联网知识，学习运用新兴媒体与大学生进行交流，了解大学生的思想发展状况、心理状况，以便有针对性地开展思想政治教育活动。思想政治教育者要高度重视 QQ 平台这一网络工具，充分发挥其便捷、快速、功能强大、易操作、深受大学生喜爱的特点，把思想政治教育内容有机地融合在日常使用的 QQ 平台中，使大学生受到潜移默化的影响，提高思想境界，最终树立正确的世界观、人生观、价值观。

2. 提高利用 QQ 平台进行大学生思想政治教育的能力

思想政治教育者素质的高低与思想政治教育工作顺利开展与否直接相关。网络的发展对其素质提出了更高的要求，教育者不仅要具备较高的思想政治教育素质、良好的道德素质、精湛的知识素质、健康的身心素质，还应掌握网络技术，提高运用网络技术的素质。因此，教育者必须通过自己学习、向学生学习、向同行请教等多种途径加强自身学习；通过自己开通 QQ 账号，进入 QQ 界面，熟悉 QQ 的各项功能，挑选出能够承载思想政治教育信息的功能加以利用；根据 QQ 功能的不断升级，不断挖掘新的功能服务于思想政治教育；加强与同行之间的学习，交流使用 QQ 平台的经验、注意事项、受教育者对用 QQ 平台进行大学生思想政治教育的反响等，不断提高个人利用 QQ 平台进行大学生思想政治教育的能力。

3. 构建 QQ 群丰富思想政治教育载体

QQ 群是腾讯 QQ 的一种附件功能，QQ 用户级别在 16 级及以上可建立一个普通群，该建立者就是群主，群主享有管理群的权利和允许其他人加入群等权利，群主还可以选择三个群成员作为普通管理员，代替群主行使管理群的权利。

普通群的人员上限是 500 人，如果要开通超级 QQ 群就必须成为 VIP 会员。这样，高校班主任或者辅导员可以根据班级管理规模决定应该建立普通群还是高级群。QQ 群功能强大，影响范围广，使用方便快捷，因此班导师或者辅导员可以通过构建 QQ 群，挖掘 QQ 群的群社区、群共享、群相册、群讨论组等功能，加强大学生思想政治教育。

群社区是一个虚拟的公告社区，在这里群成员可发表新鲜事、查看群聊天记录、开展群讨论、上传资料等。其中，群讨论具有 BBS 的功能，群成员可以发帖、跟帖。思想政治教育者可以挑选一些社会热点问题，学生关注的学习、生活方面的问题，对教学、后勤服务等方面的意见等都放在群社区里讨论，这种讨论可以是一对一、多对一、一对多、多对多中的任何一种方式，经过思想政治教育者与受教育者的平等交流、思想碰撞，得出正确结论，从而辨明是非，形成正确的舆论。如果某些学生持有不同意见但又不敢在群里公开表达，可以通过私聊的方式进行单独交流，以便于了解其真实想法，帮助其正确分析问题。

群共享是 QQ 群的另一个重要功能，方便的上传和下载功能使其具有独特魅力。在群共享里不仅可以上传日常班级管理的通知、文件、学习资料等信息，思想政治教育者还可以利用群共享上传一些党的路线方针政策、重要会议讲话、时政新闻、马克思主义经典著作、党的发展历史、形势政策等方面的知识，供受教育者下载、学习，从而丰富思想政治教育载体。

群相册记录了群成员日常学习、生活的点滴，对大学生来说不仅具有展现自我风采的功能，而且记录着他们参加集体学习活动、实践活动、科研活动、参观游览活动的照片，也深刻地体现着大学生的爱国情怀、积极乐观的心态、集体合作精神、创新精神、竞争意识等，这对于激发他们的爱国主义精神、集体观念、创新意识、竞争意识有着潜移默化的作用。因此，应该鼓励把这些照片及时上传至群共享，同时，其他具有爱国意义、集体精神、创新意识的照片也可以上传至群相册，并鼓励群成员把自己喜欢的照片上传至群相册，使群相册变得更加丰富。当然，QQ 群的其他功能有待思想政治教育者去挖掘和使用。

二、高校思政教育教学中微信公众平台的搭建与运用

(一) 思想政治教育类微信公众平台的特点

由于不同网络平台的信息传播方式各有侧重，思想政治教育网络意见领袖可以按照主要活动场域进行类型划分。作为依托微信公众平台开展思想政治教育活动的网络意见领袖，思想政治教育类微信公众号的传播内容更精细、传播方式更精准、用户社交黏性更强，能够充分适应和满足开展网络思想政治教育活动的要求。

在传播内容方面，理论灌输法是思想政治教育最主要、最基本的方法，在网络空间开展思想政治教育，不能放弃对网民的理论灌输。微信公众平台的单次推送以文章为单位，文本容量大，且订阅号每天一次的推送限制也避免了信息泛滥造成的精力分散，使用户逐渐形成了深度阅读的使用习惯，为思想政治教育类微信公众号的深度表达提供了可能，使其能够通过更长的篇幅进行细致透彻的说理，通过系列专题文章开展系统的正面宣传和理论教育，从而对受众思想产生更加深入的影响，更好地解决思想政治教育内容在网络中过度碎片化和娱乐化而导致的教育效果削弱问题。

在传播方式方面，微信公众平台的信息传播模式为定向主动传递，传递过程具有半封闭的特点，由传播者将内容主动地传递给平台关注者，而未关注者则不会接收到传播者发出的信息，使垂直化运营成为微信公众平台的行业趋势。同时，相比于微博内容扩散的不确定性，微信公众平台的每一次信息推送都能够毫无遗漏地直接到达用户的接收端，落点也更加明确。因此，思想政治教育类微信公众号能够实现信息传播的"小而精"，通过精细化的生产创作，为关注者提供更具有针对性的内容和服务，在进一步增强用户黏性的同时，还能够更加及时地将信息发送至目标人群，实现精准传播，有效提升思想政治教育的实效性。

在传播对象方面，人与人之间的亲密关系能够增进对彼此观点的认同，人际传播能够帮助思想政治教育网络意见领袖更好地传递信息和发挥影响力。与其他新媒体平台相比，微信的社交价值更为突出，而微信公众平台作为微信应用的附属功能板块，能够依托微信用户间的人际关系网络进一步拓展传播范围、增强传

播效果。因此，思想政治教育类微信公众平台能够通过用户间的社交黏性实现一种扩散式的人际传播，使推送内容在到达关注者之后，通过转发和分享功能在好友聊天、微信群、朋友圈内进一步扩散，使教育内容的传播效果和影响作用得到放大。

在互动沟通方面，心理咨询法也是开展思想政治教育的重要方法。微信公众平台在通过群发功能实现"一对多"信息传递的同时，还能够与关注者开展"一对一"的互动沟通。因此，思想政治教育类微信公众号能够通过在留言区与用户的实时互动更有针对性地开展思想引导，并根据文章评价和反馈在内容创作上不断做出改进。除了公开场合的互动外，思想政治教育类微信公众平台还可以与用户在后台开展更加深入的私密沟通，帮助他们澄清思想困惑，纠正错误观点，疏解不良情绪，解答学习、工作和生活中的问题，在人生理想、职业选择和道德观念等方面给出正确的价值指导。

（二）高校思政教育教学中微信公众平台搭建的着力点

1. 坚持正确的价值导向

在思想政治教育类微信公众平台推文中，以"思想教育""政治教育"为主题，以"历史事件""社会热点讨论"为行文主轴的文章影响力相对更高。同时，在内容价值中，"内容思想性"指标与文章影响力之间的正相关关系也进一步表明，适当的理论教育和思想引导并不会引起学生的反感和抵触。思政类微信公众号要实现可持续发展，在迎合平台传播特点和学生阅读喜好的同时，还要始终坚持正确导向，保证文章选题的政治性和思想性，积极宣传马克思主义，用新时代中国特色社会主义思想教育人，用社会主义核心价值观引导人，用中华优秀传统文化滋养人；对于学生普遍存在的模糊认识和错误观点，要积极为其解疑释惑；而对于网络舆论和热点事件中的恶意造谣和无良炒作，要进行彻底的揭露和批判，帮助学生提高警惕、明辨是非。同时，文章选题的生活化和活泼化并不等同于随意性，在学生生活类的文章创作中，不能仅限于就事论事的探讨和分析，还可以通过对学生学习、娱乐、人际交往等日常生活中具体问题的指导，在潜移默化中向学生传递正确的思想道德观念和政治观点，帮助学生形成正确的世界观、人生观和价值观，实现教育引导常态化和潜隐化。

2. 恰当地使用教育案例

在思想政治教育教学中，案例的使用能够将教育的理论内容与社会生活实际更好地联系起来，有助于理论教育效果的提升。同样，在思想政治教育类微信公众平台推文中，案例的运用也能够增强文字的说服力和感染力，有效提升文章的影响力和教育引导的实效性。同时，不同案例的传播效果也不同，其中，"历史事件""政治事件"和"社会事件"三类案例明显更受读者青睐。因此，要提升文章的传播效果，打造高影响力推文，恰当的案例选择和使用也十分重要。思政类微信公众平台要广泛收集案例材料，善于从亲身经历和身边事例中积累素材，从学生广泛关注的热点话题和热门事件中提取议题，从中华民族悠久的历史文明和灿烂文化中汲取精髓，按照不同的教育内容和目的来选择适合的案例类型和运用手法，通过讲故事向读者阐述深刻道理，通过评时事调动读者的讨论热情，从而使理论教育和思想引导更加通俗生动，帮助学生更加深入地理解理论知识，逐渐形成正确的价值观。

3. 形成特色化的语言风格

思想要有境界，语言也要有魅力。一定的语言风格有利于作者更好地表达态度、传递情感和营造情境，使文章更加具有感染力。要提升文章传播效果，思想政治教育类微信公众平台就不能靠一个腔调、一种风格包打天下，还要善于根据不同的文章内容和教育效果选择适当的语言表达方式，把要讲的理论、道理和事实用学生更加喜闻乐见和易于接受的语言和方式呈现出来，以获得更加广泛的认同。在理论教育中，要改变以往枯燥、晦涩的文字讲解，多运用一些生活气息浓郁的大白话、大实话，通过讲故事、举例子、打比方等方式深入浅出地解释理论、阐明道理，通过生动活泼的语言表达逐渐消除学生的抵触和戒备情绪，使大家听得懂、听得进；在思想引导中，在条理清晰、用词准确地传递思想观点的同时也要投入真情实感，善于通过聊天式、谈心式的亲切语气娓娓道来，引用诗文典故抒发情怀，使文章更加具有温度和情怀，从而更好地获得学生认同；在正面宣传中，还要积极营造和渲染情境，充分调动读者情绪，让学生为马克思主义的科学真理光芒而赞叹，为悠久灿烂的历史文化而自豪，为国家发展的辉煌成就而骄傲，为社会主流的真善美而感动，从而充分鼓舞精神、坚定自信。另外，思政类微信公众平台在内容创作中还要注重对文章语言进行一定的个性化处理和设计，在充分考虑学生网上阅读习惯和接受心理的基础之上，逐渐形成自身独有的语言风格，为文章和平台增加辨识度。

（三）高校思政教育教学中微信公众平台的运用对策

1. 高校可借助微信对思想政治教育内容进行改革，增强内容吸引力

供给侧结构性改革理论在推动经济发展理念转变的同时，也为高校推进思想政治教育提供了一种新的思维和方法。为取得预期效果，马克思主义中国化必须使其内容和形式适应当今时代要求和青年大学生切实需求。供给侧改革理论要求高校教育工作者提供优质的可供选择的"当代中国马克思主义菜单"，激发受教育者对高品质"中国化马克思主义产品"的自觉追求。

微信内容上的供给侧结构性改革就是要对高校大学生"三贴近"，即发布的内容要贴近学生的生活、实际、需求，灵活地推进思想政治教育，对高校学生进行"活"的马克思主义教育。大学生思维活跃、关注现实，高校教育者可以抓住当今社会热点问题，从大学生角度剖析问题，因势利导，利用微信推送一些对当今形势政策解读的内容和相关活动，设置大学生关心的议题，用马克思主义立场和观点引导大学生的思维；依托学生所关心的成长困惑、成才方向、生活服务、心理咨询、就业实践等方面，利用微信推送科学的马克思主义世界观和方法论。

2. 高校要利用微信加强意识形态领导权，提升网络舆论的引导力

高校要关注和把握微信内容发布和转发链接、评论动态的方向。高校教育工作者要通过微信掌握学生思想动态，在发布内容和转发内容时加强审核和思考，加强微信公众号规范化建设，对微信平台内容做系统规划。在涉及马克思主义与外来思潮交锋和国家热点事件时，要始终站在党和国家高度思考问题和解决问题，不随意对不确定事件评论扩散。毕竟高校是大学生群体聚集地，教师所发布的言论会直接影响学生的认知方向。高校教育工作者要时刻保持政治意识、大局意识、核心意识、看齐意识，坚持唱响社会主义核心价值观的主旋律，绝不给错误意识和言论提供传播渠道，要准确理解马克思主义和党的基本路线以及方针政策，要敢于同微信中的错误言论做抗争，澄清事实，积极引导大学生思想，让微

信成为传播马克思主义理论的前沿阵地，掌握微信上传播意识形态的话语权和领导权。

3. 高校要培育专门的微信宣传运营队伍，提高信息传播的驾驭力

建立一支高素质的微信宣传队伍，要培养一批既懂网络技术又擅长马克思主义理论、政治意识强的复合型人才。高校可以通过政策重点培育大批优秀的中青年马克思主义理论者，提升队伍的知识结构水平，也可以通过学生组织和社团，把优秀的学生党员骨干吸纳进来。通过了解学生的需求和实际情况，宣传队伍可以做出快速反应，利用微信传播速度快、范围广等特点，发布时新的内容，始终在高校朋友圈中保持一种正能量，抓住学生的"兴奋点"和"聚焦点"，依托一些重要节日和纪念日、大事件来开展丰富的微信线上活动。队伍还要善于对微信上的文化进行分析和鉴别，密切关心学生思想动态，及时科学地解答大学生通过网络反映出来的问题和矛盾，充分发挥心灵导师的作用。高校始终用高素质的宣传教育队伍，保持在网络时代对社会思潮的引领，掌握舆论宣传的主动权，不断提高驾驭新媒体的能力和开展思想政治教育工作的能力。

4. 高校要利用微信构建"大思政"格局，提升思政工作的辐射力

打造"大思政"格局要以课堂教学为主渠道，利用微信等新媒体使思想政治理论课在改进中加强。利用微信变革思想政治理论课，激发大学生学习马克思主义中国化最新成果的内在动力，进而推进思想政治教育。通过微信建立生动活泼的学习机制，突破以往政治理论刻板僵硬的模式，以新媒体网络改善以往居高临下的说教，使广大高校学生眼前一亮，受到大家的欢迎和接纳，促使高校学生对马克思主义理论入脑、入心、入行。

打造"大思政"格局要以第二课堂为分渠道，依托校园文化，利用微信将课堂教学与课外教育相结合。高校微信在通过校园文化来推进理论大众化时，要注意把"线上"与"线下"活动结合起来，把马克思主义宣传工作虚功实做，把党团、社团活动的初期宣传、中期进行和结束融入微信的运营当中。比如，在微信中增添"微信投票""微信墙"等新颖的形式吸引大学生的参与。

"线上活动"是"线下活动"的延伸，"线下活动"也是"线上活动"的具体实践，"线上"和"线下"形成了双向互动的良性循环。最后，高校的微信运

营要完善考核形式，把宣传思想工作的"虚"化与考核标准的"量"化结合起来。高校组织对本校各单位微信公众号进行排行，排行指标主要是每周总计阅读量、头条阅读量、平均阅读量和点赞数，鼓励各单位创作出越来越多的优质宣传作品。因此，在培养大学生成长的大学校园内，要努力营造"以科学的理论武装人、以正确的舆论引导人、以高尚的精神塑造人、以优秀的作品鼓舞人"的良好校园文化氛围，促进大学生真正理解和接受马克思主义中国化最新理论成果，更好地加强和创新高校思想政治教育工作。

第四节　高校思政教育教学中主题网站的建设与运用

加强高校思想政治教育必须重视主流意识形态在网络环境下的传播。主流网站一直是我国网络媒体建设的重点，也是传播社会主义主流意识形态的重要阵地。

一、高校思想政治教育主题网站的特点

一方面，一般门户网站所具有的开放性、交互性、平等性、虚拟性、即时性、广泛性等共同特点必然在高校思想政治教育主题网站中有所反映；另一方面，高校思想政治教育主题网站在网络条件下对传统思想政治教育既有继承又有创新，其特点必须通过与传统思想政治教育特点的比较来把握。因此，必须在共性与特性相结合的视角下对高校思想政治教育主题网站的特征加以概括。

（一）网站信息内容的限定性

综合类或娱乐类网站是依靠吸引广大网民注意力谋求经济效益的网站，是一种眼球经济，它需要广大网民的关注，浏览量和点击率是其存在价值的全部体现。为了最大限度地博取网民眼球，趣味性和娱乐性也就成为综合类或娱乐类网站首先要考量的因素。与综合类或娱乐类网站有所不同，高校思想政治教育主题网站的主要目的是唱响主旋律、打好主动仗、提振精气神和传播正能量，从理想信念、思想道德、行为培养、心理健康等各个层面对当代大学生进行思想教育、

道德教育、政治教育和心理教育，从而为他们树立正确的世界观、人生观和价值观奠定良好的基础。因此，高校思想政治教育主题网站解决的是当代大学生的理想、信念、方向、立场和道路问题，它对于信息内容的选择和传播在一定程度上受到限制，凡是与思想政治教育主题网站主旨相悖的、毫无关联的"信息垃圾"，都应该加以分辨和剔除，以免影响和阻碍主题网站信息内容的有效传播。

（二）网站传受群体的特殊性

传者，顾名思义，就是传播者、宣传者，其实也就是主体。高校思想政治教育主题网站传者是指在高等院校中借助主题教育网站这一新型传播载体从事网络思想政治教育工作的个人、组织和团体，是思想政治教育主题网站的组织者、承担者和实施者，主要包括学生辅导员和班主任、党政管理人员、思想政治理论课教师、校园网站监管人员和学生骨干等。受者，是传播内容的接受者，又称为受教育者或受众。高校思想政治教育主题网站受者是指通过主题教育网站接收思想政治教育相关信息内容的特定人群，主要面向高校教师和学生网民，其中高校大学生在网站信息享用中发挥着主力军作用。不难看出，高校思想政治教育主题网站的传受双方都是校园人，以教师和学生为主体，面向群体具有鲜明的针对性和狭隘性，而一般的网站则不存在这个局限性，其面向的群体更为宽泛，有的网站甚至面向全国乃至全世界的普通网民。尽管网络环境具有开放性的特点，但是高校思想政治教育主题网站的传受双方都在校园内，因此主题网站的传播环境具有一定的封闭性，同时不同高校的主题网站也折射出各自学校不同的文化氛围和人文气息。

（三）网络教育过程的交互性

教育上常说的交互性往往是指学习者在学习过程中通过媒介（体）与教师或同学或其他人之间的互相交流，这种交流对提高其学习效果起着十分重要的作用。与传统面对面的单向线性教育模式不同，高校思想政治教育主题网站的信息传播模式发生了质的变化，从传统的"人—人"交互转变为新型的"人—机—人"交互，且网络环境下教育者与受教育者的主客体关系并非一成不变，而是处在一个动态的流变置换过程之中。在这个过程中，教育者和受教育者双方在网络空间中形成了一种特殊的思想政治信息、知识和情感之间的互动交流关系。这种特殊的社会互动过程起着十分重要的作用，它打破了教育者与受教育者的固定地位，变被动式教育为互动式教育，教育者与被教育者都是网络的主体，教育者要尊重并认识受教育者的主体性，在更加平等的环境中共同面对问题；受教育者的主体意识也被极大地调动起来，他们可以在网络上平等地发表自己的思想看法，与教育者或其他受教育者互相沟通探讨，最终形成了高校思想政治教育主题网站网上、网下相结合的立体化信息传播模式。

二、高校思想政治教育主题网站的功能

（一）思想政治教育功能

高校思想政治教育主题网站是网络思想政治教育的重要组成部分，是在传统思想政治教育的基础上发展起来的，是现实思想政治教育的一个关键环节，因此它具备了传统思想政治教育的基本功能。这是因为高校思想政治教育主题网站与传统思想政治教育的目的和任务是一致的，都是对受教育者进行思想教育、政治教育、道德教育和心理健康教育，使他们形成良好的思想政治品德和健康的心理素质，最终培育和造就"四有"新人。因此，高校思想政治教育主题网站和传统思想政治教育一样具有立德树人的基本功能，主要表现为导向功能、保证功能、育人功能和开发功能。

（二）互动交流功能

高校思想政治教育主题网站的互动功能是指思想政治教育主题网站具有使教育者和受教育者通过主题网站进行交流的能力，这也是网络思想政治教育功能区别于传统思想政治教育功能的显著特性。传统思想政治教育遵循的是只讲灌输不求互动的硬性填鸭模式，采取的是一种行政指令般的单一操作方式，其信息内容一般是单向传播的，很难形成教育者与受教育者之间交流互动的局面；而互联网的即时性、交互性、移动性等特点促使高校思想政治教育主题网站为教育者和受教育者之间搭建起沟通的桥梁，开设诸如 BBS 论坛、博客、电子信箱等形式的网上互动栏目，从而实现传受双方的直接双向交流。当然，高校思想政治教育主

题网站的互动功能不仅体现在开设网上互动性栏目的形式上，还必须体现在积极引导传受双方加入交流讨论之列、彼此交换意见的行动上。

（三）资源共享功能

在高校目前的思想政治教育活动实施过程中，思想政治理论课教师、学生辅导员、班主任和党政管理人员等承担着大学生思想政治教育组织者、管理者和实施者的角色，这些人员处于不同的工作岗位，隶属于不同的部门管辖，各司其职，从不同方面对同一教育对象进行思想政治教育，缺乏统一的管理和部署，不可避免地存在着各自为政、相互脱节的现象。高校思想政治教育主题网站恰好为大学生思想政治教育工作提供了新的载体、平台和巨大信息资源，使得各方都能在这个平台上沟通和协调各种复杂关系，最终加速了思想政治教育的一体化进程。另外，由于受到时间、场地、人数等因素的限制，传统思想政治教育的覆盖面和影响力是有限的，而高校思想政治教育主题网站则不会受到时间和空间的限制，具备上网条件的教育对象都可以充分接收思想政治教育网站上的信息和内容，最终实现教育资源的共享。

（四）咨询选择功能

传统思想政治教育是一种金字塔状的教育模式，在师生关系上囿于主客绝对二分的思维模式，单纯地认为教育者是主体，受教育者是客体，两者的地位天然不平等，受教育者的主体性地位往往得不到尊重和维护；在教育的方式方法上，教育者居高临下，处于金字塔的塔尖，掌握着有限的教育资源，对受教育者实施的是填鸭式灌输；在教育内容的选择上，教育者通常根据自己的喜好和倾向单方面决定，而受教育者缺乏选择的权利和自由，只能被动地接受。这样一来，教育者与受教育者之间的矛盾、教育的内容形式与受教育者需求之间的矛盾就会在一定程度上减弱思想政治教育原本预期的效果。而高校思想政治教育主题网站充分尊重大学生网民的主体性，为他们提供选择的权利和自由，并且能够为网民对网上的信息，特别是网上的思想政治信息的选择提供引导、劝告、建议和解疑等服务，切实为不同学生群体的学习生活、就业实习、心理健康等问题提供咨询服务。

三、高校思政教育教学中主题网站建设与运用对策

(一) 加强互动栏目开发，满足学生的社会性需要

在网络虚拟世界中实现现实交流是大学生网络受众的渴望。虚拟社区的存在为网络受众提供了一个精神家园，在这里，人与人之间可以抛开性别、年龄、社会地位等，在平等的地位上进行畅谈。在虚拟社区中的讨论很容易进入现实生活中回避的问题，气氛也相对活跃。因此，思政主题网站自身的论坛建设或交流板块的完善就显得尤为重要。网络具有交互性，参与网络互动是大学生网络受众群体自主性、参与性的最好体现。他们用掌握的网络技术、网络语言符号与他人进行互动沟通，并使用各种方法让沟通变得具有自身个性的特点，这样能使得网络受众获得极大的心理满足，一旦话题得到认可，就会实现其在网络中所寻求的价值，激发网络受众更高的参与性。

高校思想政治教育主题网站要开设具有开放性和交互性的栏目，开展网络征文、设计比赛或知识竞赛等校园网络文化活动，以吸引大学生的积极参与，同时完善思政网站论坛的建设，对学生上网的时间、浏览的内容实行自由管理。思想政治教育工作者可以与学生在线进行平等的沟通交流，认真听取学生的心声，给学生精神上的鼓励和潜移默化的引导，有针对性地开展思想政治教育，提高教育的实效性。

(二) 不断充实网站内容

高校思想政治教育主题网站的内容是根据网络时代思想政治教育目标和任务内在规定的丰富性以及目标受众素质发展多方面、多层次、多样化的教育需要而确定的，这就决定了网站内容应该是全面的、广泛的和具体的。而网站的频道与栏目从整体上反映了网站的层次结构，从中可以浏览网站全部内容的概况，以便迅速锁定所要查找的目标内容，一般可做如下设置：

新闻动态类频道。该频道主要供应一些与学生实际生活紧密联系的诸如校园新闻、院系动态等内容，并收集和转载师生普遍比较关注、关心的国内外时事政治热点和重大社会新闻。

思政教育类频道。该频道最能体现出高校思想政治教育主题网站的特色所在，是整个主题网站的核心部分。它主要提供马克思主义的经典著作、丰富的时政资料、党史党章等，其目的就是要对青年学生进行人生观、世界观和价值观的正确引导，把他们塑造成为品德情操高尚、政治立场观点正确、思想道德素质过硬的社会主义"四有"新人。

特色服务类频道。该频道要充分考虑到青年学生多方面、多层次、多样化的现实需求，为学生提供全方位的信息资讯服务。

（三）建立一支专兼结合的网站工作队伍

高校可以根据形势发展和实际工作的需要，培养和造就一支由学校党政干部、思想政治理论课教师、高校网络管理人员、辅导员和班主任教师、学生骨干等人员所组成的结构合理、专兼结合的网站工作队伍。专兼职相结合的工作队伍不仅能够保证网站建设与发展的可持续性，确保思想政治教育主题网站的正常运行，而且能够促进资源的整合和力量的聚合，发挥协同配合的整体优势，最终形成上下联动、齐抓共管的生动局面。在高校思想政治教育主题网站队伍建设的过程中，尤其要注意到学生群体的特殊性：一方面，大学生网民是网站教育的主要对象，是网站信息的消费者；另一方面，大学生也可以主动参与到网站的建设、管理与维护中，担任网站管理员、各栏目采编人员、网页制作人员、网站记者等，从而成为网站信息的生产者。学生在参与网站建设与管理维护的过程中，不仅能通过网站获取自己所需的知识与技能，而且能增强政治意识和责任意识，从而达到在网上进行自我教育、自我管理和自我服务的目的。同时，学生还能利用熟人效应来获得周围同学、朋友和家人对网站的支持与认可，从而成为网站宣传与推广的一支重要力量。一言蔽之，高校思想政治教育主题网站的队伍建设必须坚定不移地走专兼职相结合的道路，必须充分调动学生群体的积极性和主动性，必须不断开拓创新、锐意进取，努力形成学校党政干部、思想政治理论课教师、高校网络管理人员、学生辅导员和班主任教师、学生骨干的网站建设合力，从而构建全员育人的良好氛围。

（四）提供条件和物质保障

思想政治教育主题网站建设是一项长期而复杂的系统工程，需要各地教育部门和高校从人力、物力、财力各方面给予切实保障。高校思想政治教育主题网站的建设、管理和维护，需要培养和造就一支高素质、高水平的主题网站工作队伍，从而为之提供坚实的人才保障和智力支撑；需要采购和配备先进的网络硬件设备和其他必要的服务设施，从而为之提供有力的技术支持。而人才的培养和设施的筹备都需要充足的资金作为坚强的后盾，从而为之提供雄厚的物质基础。因此，各高校应该明确学生思想政治教育工作的资金来源，设立思想政治教育主题网站建设专项经费，以确保落实网站建设所必需的人员、设备、技术和场地等要素。只有依托大量的人力、物力和财力，高校思想政治教育主题网站建设才能"背靠大树好乘凉"。

（五）建立网站评估机制

要想知道高校思想政治教育主题网站建设的成效如何，必须对主题网站进行全面的评估。网站评估本身就是对高校思想政治教育主题网站建设规律的一种有益探索，只有对高校思想政治教育主题网站建设的现状及其效果进行客观公正的评价与判断，才能对其得失成败做全面科学的总结，从而吸取教训、积累经验，以便准确地把握其特点和规律，最终为网站建设的进一步发展指出明确的目标和方向。各地教育部门和高校必须充分认识到思想政治教育主题网站评估的重要性，通过构建科学合理的评估机制，对主题网站进行一次综合性评估，并在此基础上对网站教育的技术水平、使用情况进行全面了解，从而以评促进、以评促改、以评促建，不断加强和改进网站建设的质量和水平，最终促进教育价值的增值。

（六）加强宣传推广

思想政治教育主题网站对于高校而言，不是一种"人有我也有"式的追风，也不是一种装饰性的点缀，其建设既不可能一蹴而就，也不可能一劳永逸。要想增加网站的浏览量，提高网站的点击率，发挥"红色网站"该有的功效，就必须设法让更多的人知道网站的存在。这也就意味着网站推广已迫在眉睫，不推广不如不建站。因此，本着对网站推广工具和校园资源的合理利用原则，可以通过多种途径对高校思想政治教育主题网站进行有效的宣传与推广。

1. 师生间的口头传播

即使在网络时代，人类最为古老和原始的口头传播也仍然是生活中必不可少的信息传播方式之一。在很多情况下，人们往往是在茶余饭后的闲聊中通过熟人的介绍知道某个网站的存在的，熟人之间的口头传播甚至比其他渠道让人觉得更为可靠与信服。因此，高校也应当十分重视这种传播方式。一传十、十传百，教师之间、学生之间、师生之间都可以通过熟人的熟人将本校的思想政治教育主题网站传播开来。

2. 注册搜索引擎

作为网站推广最为主要的途径，注册搜索引擎也可以成为高校思想政治教育主题网站宣传与推广的一种方式。百度、搜狗、新浪等都是常见的搜索引擎，高校思想政治教育主题网站可以在这些搜索引擎上加以注册与推广，广大师生只需输入关键词，就很容易找到相关内容。这样一来，高校思想政治教育主题网站被访问的概率就会大大增加，其影响力也会随之扩大。

3. 建立友情链接

友情链接或称交换链接、互惠链接，常作为网站推广的一种基本手段，是具有一定互补优势的网站之间的简单合作形式，即分别在自己的网站上放置对方网站的 LOGO 或网站名称并设置对方网站的超级链接，使得用户可以从合作网站中发现自己的网站，达到互相推广的目的。高校思想政治教育主题网站要积极与其他网站建立友情链接，以互利互惠、相互推荐、资源共享的协作方式达到网站宣传与推广的目的。

第五节　高校思政教育教学中微博平台的运用

微博的出现在给高校思想政治教育带来机遇的同时也带来了不少的挑战，这要求高校思想政治教育必须进行创新。所以，高校思想政治教育究竟如何运用微博载体进行创新，值得认真研究。

一、利用微博开展高校思想政治教育的原则

利用微博开展高校思想政治教育必须坚持一定的原则，才能保证达到预期的目标。

（一）始终坚持"以人为本"原则

随着高等教育不断发展，学生的主体性越来越受到重视，这就要求高校在运用微博开展思想政治教育时必须重视学生的主体性，也就是必须坚持"以人为本"。思想政治教育工作者在教育实践活动中必须以教育客体为本，调动客体的积极性，以平等的姿态进行与客体的互动，以促使其实现自身的全面发展。需要注意的是，首先必须保证教育主体与客体处于平等的地位，教育主体要了解客体使用微博的特点，尊重他们的习惯，主动借助微博与客体打成一片，以营造和谐的教育氛围。其次，微博的特性促使教育客体敢于在微博中表达出真实的想法，主客体之间的互动更加通畅，这为教育主体及早发现客体在现阶段的思想倾向及问题提供了更为方便的条件，在这个互动过程中，教育客体又能够通过反思来得出正确的结论。最后，在整个思想政治教育实践活动中，教育主体要引导客体进行自我调整，积极主动地把教育要求内化为自身素质的思想追求，继而外化为符合思想政治教育要求的行为，从而实现个人的全面发展。

（二）始终坚持方向性原则

坚持方向性原则是开展高校思想政治教育活动的必然要求，利用微博开展思想政治教育活动当然也是如此。随着微博的高速发展，微博舆论得到了越来越多当代大学生的支持，成为校园舆论的重要组成部分。目前，我国微博舆论总体状况良好，但放眼全球，可以看到很多社会变动都有微博舆论的参与。这说明了微博舆论在某种程度上很可能会受到不同价值观念的影响，特别是高校大学生，他们在心智发育程度和辨别是非的能力方面还有所欠缺，因此要对大学生进行必要的引导。

需要注意的是，微博账号的运营主体是商业公司，这些公司运营微博的目的在于营利，很多原本并不是微博舆论热点关注的问题，在其操作下往往都会瞬间

"火"起来，这种本末倒置的做法往往会造成社会不当舆论的蔓延。再加上微博上信息"鱼龙混杂"，要正确地辨别这些信息，单靠大学生本身的认知往往是不够的。这要求高校思想政治教育工作者必须时刻关注微博舆论，特别是校内的微博舆论，及时地发现问题，运用马克思主义理论把教育客体引导到正轨上来，避免其陷入偏离主流、真假难辨的局面，从而实现思想政治教育的目的。

（三）始终坚持与时俱进原则

高校思想政治教育的内容、形式等会随着时代的变化而变化，创新是保证高校思想政治教育有效性的重要基础，也就是必须坚持与时俱进原则，这是当前高校思想政治教育工作的关键。历史表明，一个国家、一个民族要不断向前发展，始终保持旺盛的生命力，就必须坚持与时俱进。

在信息时代背景下，高校思想政治教育面临更多难题，微博虽然可以成为高校思想政治教育的新平台，但也会增加思想政治教育的难度。例如，目前高校对微博载体建设不够重视、在监管上极为困难、相关理论和实践研究较为缺乏、能熟悉运用微博技术的专业化教师队伍缺少等。同时，传统的思想政治教育工作方法已经无法解决微博给客体带来的问题，这要求思想政治教育在方法上必须创新，只有创新，才能更好、更快地解决现实问题。此外，微博的发展不断加快，要求高校思想政治教育必须不断加快创新，只有这样才能适应工作的需要。因此，高校思想政治教育运用微博载体的创新显得非常重要。

二、利用微博开展高校思想政治教育的方法与途径

（一）引导大学生树立正确微博观

网络的发展为人们带来了便利，但也带来了大量无用甚至有害的信息，因此必须加强对大学生微博观的引导，加强大学生的网络媒介素养教育已经成为大学生素质教育的重要组成部分。在微博的世界里，引导大学生树立正确的微博观也是极其重要的。微博观实质上就是人们对于微博的认识，其中包括微博的本质是什么、如何正确地使用微博、怎样避免微博所带来的弊端等相关的问题。信息社会需要的不是信息的简单传递者或使用者，而是具有较强信息意识和能够运用现

代信息技术手段，对大量支离破碎的信息与数据进行归纳与综合，使之条理化的有较高信息素养的人才。微博从本质上来说就是一个传播媒介，是一个工具性的存在，它对人能产生多大的作用关键是看人如何使用它。若能正确地看待和利用它，则可以为我们提供一个新的开阔视野、沟通交流的工具，否则就会沉溺于其中，给人们的身心带来不利的影响。

1. 引导大学生提升自律能力

微博是把"双刃剑"，它在给人们带来巨大利益的同时，也带来了许多负面影响，可以说在微博上大学生既是行为者，又是监控者、评论者，这无疑对大学生的思想素质、道德水准、文明程度提出了新的要求。因此，高校思想政治教育必须探索和加强大学生的自我教育，培养大学生自我教育、自我管理、自我约束、自我负责的意识和能力，培养大学生对微博上各种信息的选择、辨别和分析能力，从而帮助大学生培养和锻炼自主、自律的主体意识和能力，使他们在微博上的行为符合法律法规和社会公德的要求，最终确立能经得起各种挑战的微博价值观。

2. 引导大学生树立微博责任意识

微博搭载于网络平台，具有很强的自由性和随意性，这也是微博用户规模如此庞大的一个重要原因。然而自由是相对的，自由也就意味着一定的责任。要教导大学生认识到微博上的绝对自由势必会给人带来一定的损失和灾难，而并非像有的人认为的那样——自由是绝对的，是神圣不可侵犯的。微博虽然赋予了人们高度的自由话语权，但作为一个具有社会责任感的人，应该珍惜这种权利，并且做到自觉维护这种权利，否则言语的过度自由会给微博带来致命的硬伤，从而造成微博在互联网上昙花一现。因此，大学生在使用微博时，既要充分享用微博给他们带来的便利，又要培养正确的微博观。大学生正确的微博观应该是：微博是自由的，同时微博是自律的，它追求思想的共享，更追求利他的奉献精神。

3. 开展形式多样的微博宣传与教育活动

高校应该开展各种形式的宣传教育活动，以此引导大学生对微博有一个全面、正确的认识，让他们清晰地意识到微博只不过是带给人们便捷的一个工具，人类是不可能脱离现实的世界而生活在虚拟的网络世界的。对于微博这样一个传播性极强的事物，多数大学生都是通过网络或是同学之间的传播而得知并开始使用，因此他们对于微博并没有太多的认识。针对这一情况，高校可以开展各种各样的有关微博的活动，开展网络指导和微博知识讲座，让学生真正地认识微博，这样既满足了大学生对于新事物的好奇心理，也让他们知道了如何正确地使用微博。

（二）创设高校思想政治教育微博集群

对于高等院校来说，思想政治教育工作的开展需要全体师生的共同努力。同样，要想将微博应用于思想政治教育工作，需要全校人员的努力，而要想实现这一目标，就必须不断完善和优化高校思想政治教育微博集群，提高高校思政教育的系统性和时效性。近年来，微博在高校思想政治教育工作中的作用越来越突出，但是目前专门关于思政教育专题的微博还比较少，因此高校应当结合自身的实际特点，建立思想政治教育专题性官方微博平台，站在全局发展的高度，开展思政教育工作。思政教育官方微博平台应当配备专门的人员进行管理，可由学校宣传部门人员，或者指定有一定的新媒体操作技术的思想理论课教师负责。同时相关的工作人员还应当做好相关的微博资料内容查阅、回复等工作，紧随时代发展潮流，紧扣时代发展主题，有效提升大学生思想政治水平，进而为高校思政教育效果的提升打下坚实的基础。

（三）建立线上线下相结合的思想政治教育机制

在重视微博视域下的高校思想政治教育的同时，也不能放松传统思想政治教育手段的运用。利用微博的线上平台，是高校传统思想政治教育手段的有益补充，其效果还需要线下思想政治教育的进一步强化和检验。在高校思想政治教育中，只有形成线上、线下多种手段综合运用的机制，使线上微博思想政治教育与线下传统思想政治教育互动，才能形成思想政治教育的资源共享、优势互补、全方位覆盖，发挥思想政治教育的整体合力，提升高校思想政治教育的实效。

（四）加强队伍建设、制度保障

"互联网+"时代的高校思想政治教育工作，需要一支具备过硬政治素质、丰富工作经验、较高网络信息素养的教师队伍，主动参与到微博的传播、互动中去，丰富高校思想政治教育的资源和形式，保证思想政治工作的实效性；需要从大学生中遴选出一批思想素质过硬、网络能力优秀的学生微博领袖，积极配合做好大学生舆论引导。同时，高校还应建立健全微博管理制度，规范大学生在微博空间的网络言行，加强对大学生微博的监管，营造高校和谐的微博环境。另外，还需要一定的物质保障，促进高校网络思想政治工作的不断发展。

（五）依托微博，搭建网络心理咨询平台

大学生心理健康问题是一个严重的社会问题，必须引起重视。当前，心理咨询越来越受到高校的重视和支持，许多高校也都有了自己的心理咨询室，心理咨询在解决学生心理问题和预防心理危机方面发挥了重要的作用。但是，随着大学生人数的不断增加，现实中的心理咨询工作已不能满足大学生的需要，使得许多大学生的心理问题不能得到及时的解决。

随着经济社会发展，社会公众承受的压力与日俱增，大学生也是如此，这就导致大学生心理健康问题日益突出，高校及相关各方必须高度关注学生的心理健康，把心理健康教育作为思想政治教育的重要组成部分，培养广大学生良好的心理素质，使其以正确的心态面对自己与社会、面对现实与未来。因此，高校应积极开展大学生心理健康教育和心理咨询工作，将思想政治教育与心理教育相结合，对大学生心理健康予以有效的指导和关爱，真正做到"常把脉搏，常用心药，防止思想感冒"；应建立心理健康教育网站，通过网络以及校报等媒体宣传心理健康知识。可以说，解决大学生心理问题的方式应该是多种多样的，不能局限于课堂上教师的理论说教，也不能局限于现实中心理咨询师的辅导。通过网络开展大学生心理健康教育已成为当下学生思想教育的重要途径之一，而微博的出现为大学生的心理健康教育提供了一个新的网络平台。由于微博上传递信息有一定的隐蔽性，人们在利用微博进行网络交流的时候通常无所顾忌，表露出潜藏在内心深处的需要、情感等，而且微博的即时交互性满足了大学生随时进行咨询的需求。可以说，微博自身所具备的特性在一定程度上满足了大学生心理健康教育工作的需求。因此，高校应该鼓励心理咨询教师开通微博，并与学生相互关注，在这样一个非刻意的环境下可以与学生建立平等的对话关系，利用微博来了解大学生的心理状况、发展水平及存在的问题，为大学生提供指导帮助，促进大学生心理健康发展。

参考文献

［1］张雪霞，李娟，崔冬雪. 网络时代高校思政教育教学创新实践探索［M］. 北京：中国纺织出版社，2023.

［2］王薇. 高校思想政治教育热点与多元探讨［M］. 北京：北京工业大学出版社，2023.

［3］孙天罡，金明兰. 高校思想政治理论课实践教学创新研究［M］. 北京：北京工业大学出版社，2023.

［4］金家新. 高校思想政治理论课教师［M］. 重庆：重庆大学出版社，2023.

［5］邹德清. 网络空间安全课程思政教学探索与实践［M］. 武汉：华中科学技术大学出版社，2023.

［6］黄丽娟. 新时代高校思政教育理论与实践创新发展研究［M］. 长春：吉林大学出版社，2023.

［7］张建彬. 新时代大学生思政教育工作理论研究［M］. 长春：吉林大学出版社，2023.

［8］胡政阳. 新时代思想政治教育视域下中华传统文化的当代价值——基于思政、艺术与文化的多重视角［M］. 北京：光明日报出版社，2023.

［9］王爱祥. 高校思想政治教育研究书系·高校思想政治教育仪式感染性研究［M］. 上海：华东理工大学出版社，2023.

［10］苏杭. 新时代思政课程建设研究［M］. 长春：吉林大学出版社，2023.

［11］石国华. 高校思政课程改革与教师职业素养提升［M］. 长春：吉林大学出版社，2023.

［12］张艳青. 新时代高校思政课教学改革的研究与实践［M］. 长春：吉林大学出版社，2023.

［13］徐小莉，田爱玲. 新时代高校思政协同育人发展策略研究［M］. 长春：吉林大学出版社，2023.

[14] 仇瑛. 高校思政金课建设的逻辑理论与实施路径研究 [M]. 长春：吉林大学出版社，2023.

[15] 杨杰. 文化渗透视角下高校思政教学探究 [M]. 长春：吉林大学出版社，2023.

[16] 杨小岑. 高校思想政治教育工作创新实践 [M]. 沈阳：辽宁人民出版社，2022.

[17] 曲娟，师秀芳，吕树强. 高校思想政治理论课教学方法的优化探索 [M]. 哈尔滨：北方文艺出版社，2022.

[18] 李风啸. 新时代数字化与高校思政教育的深度融合 [M]. 北京：中国纺织出版社，2022.

[19] 韩晨泽. 高校网络思政教育平台的构建及其应用研究 [M]. 沈阳：辽宁人民出版社，2022.

[20] 马静雅，王琪，任超. 新时代大学生思政教育研究 [M]. 武汉：湖北科学技术出版社，2022.

[21] 代玉启，白永生. 高校思想政治教育治理研究丛书·高校思想政治教育生态治理研究 [M]. 北京：团结出版社，2022.

[22] 李盛基，曾水英. 新时代高校课程思政教育的影响因素及引导策略 [M]. 哈尔滨：哈尔滨工程大学出版社，2022.

[23] 彭艳娟，张立军. 社会主义核心价值观与高校思政教育工作理论创新研究 [M]. 北京：新华出版社，2022.

[24] 范福强. 高校思政教育与大学生择业的研究 [M]. 延吉：延边大学出版社，2022.

[25] 寇进. 全媒体环境下高校思政教育创新研究 [M]. 延吉：延边大学出版社，2022.

[26] 杨桂宏. 高校思想政治理论课教学研究 [M]. 北京：中华工商联合出版社，2022.

[27] 钟燕. 新媒体视野下大学生思政教育创新探索 [M]. 天津：天津人民出版社，2022.

[28] 马雷. 新时代高校思想政治工作研究 [M]. 天津：天津人民出版社，2021.

［29］ 侯天宝. 德育与思政课融合实践研究［M］. 北京/西安：世界图书出版公司，2021.

［30］ 李腊生. 高等教育基本规律视域下的思政课教学改革与创新［M］. 武汉：武汉大学出版社，2021.

［31］ 谢瑜，杨成. 思政课程与课程思政融合的教学研究［M］. 成都：西南交通大学出版社，2021.

［32］ 王静. 全球治理人才培养背景下的思政教育体系建设［M］. 北京：中国商务出版社，2021.

［33］ 王英姿. 新媒体时代下高校思想政治教育研究［M］. 北京：九州出版社，2021.

［34］ 李金平. 高校思想政治教育与学生管理工作融合发展研究［M］. 北京：北京工业大学出版社，2021.

［35］ 钟家全. 互联网与新时代高校思想政治教育队伍建设［M］. 成都：西南交通大学出版社，2021.